Edda Gehrmann

Wollquilts

von Glencheck bis Kaschmir

Bergtor Verlag

Titelbild
„Ruths Quilt"
(Ausschnitt)
142 x 180 cm
(siehe auch Seite 83)

Herausgeber und Lektorat:
BERGTOR VERLAG GmbH, Grünstadt

Erstellung der Arbeiten:
Patchworkerinnen aus Berlin und Brandenburg

Fotos:
Dominik Butzmann, Edda Gehrmann
(außer S. 19, 20, 86, 101, 117)

Umschlag-Design:
Jennifer Thiele, Kerstin Zielke

Übersetzung: Thea Oberberg

Anleitungen: Chrilla Wendt, Übersetzung: Astrid Reck

Idee: Edda Gehrmann

Satz und Repro:
Satz & Service Hildegard Pauluweit, Filderstadt

Druck:
Druckerei Steinmeier, Nördlingen

ISBN 3-9806815-4-8

Monikas Chinese Coins
Monika Borchert
146 x 204 cm
2001

Inhalt		Contents
	Seite/page	

Vorwort

Ich habe Wollquilts zum ersten Mal bewusst wahrgenommen, als ich die berühmten „Wagga Wagga" Quilts in Australien sah. Diese Quilts entstehen aus Wollstoffproben von Musterkollektionen für Anzugstoffe in Schneidergeschäften. Die Hersteller solcher Decken nähen einfach die rechteckigen „Buchseiten" der Tweed – Stoffproben in geometrischen Mustern zusammen. Mich beeindruckte die Vielfalt, die auch mit so einfachen Mitteln erreicht wurde – aus der Not wurde eine Tugend, materielle Beschränkung führte zu künstlerisch wirksamer Verdichtung.

Als ich 2001 nach Berlin zu einem Quilt-Symposium eingeladen wurde, fühlte ich mich in der großen Quilt – Ausstellung dort sofort zu einer Gruppe von Arbeiten hingezogen, die dieselbe frische Ursprünglichkeit hatten wie die Wagga Wagga Quilts. Man sagte mir, dass Wollstoffe an Patchworkerinnen ausgeteilt worden waren – und dies waren nun die bemerkenswerten Ergebnisse.

Innerhalb gegebener Einschränkungen arbeiten zu müssen, kann sehr inspirierend wirken. Diesen Patchworkerinnen war es gelungen, mit kreativer Fantasie aus hauptsächlich dunklen neutralen Farbtönen (mit leuchtenden Akzenten) atemberaubend schöne Quilts zu gestalten.

Aus traditionellen Formen und Mustern hervorgegangen (was meiner Meinung nach immer eine gute Grundlage ist), sind die Quilts mit ihrer Gestaltung in Hell und Dunkel und Farbe zu ganz persönlichen Aussagen geworden. Sie sind eine große Bereicherung für die lebendige Welt des Patchwork.

Ich war jedenfalls von der unkomplizierten Kraft und dem Leuchten dieser Quilts sehr angetan und begeistert.

Foreword

I first started paying attention to woollen quilts when I encountered the famous "Wagga Wagga's" in Australia. These are quilts made from suiting sample books from Taylor shops. The creators of these quilts simply arrange these rectangle "pages" of tweeds into geometric patterns. I was struck by the variations rendered in this utterly basic approach – something done out of economic necessity that gave birth to powerful compressions.

When I was invited to a Berlin Quilt Festival in 2001, I was immediately drawn to a group of quilts in their huge exhibition, that had the same fresh originality as the Australian Wagga's. I was informed that woollen fabrics had been handed to quilt makers and these were the remarkable results.

There is something totally inspiring about working with limitations. By sticking to woollen weaves in mostly dark neutral colours (with high lights) these makers have exercised their imaginations stunningly.

Starting from traditional forms (always a sound idea in my opinion) they have allowed dark and light and colour to express their personal statements. These quilts should be a huge inspiration to the vibrant world of quilt making.

I, for one, am moved and inspired by their simple strength and glow.

Kaffe Fassett

Einführung

Manchmal führen verschiedene Schritte zu einem Punkt, der dann die Eigenschaft haben kann, etwas in einem zu entzünden, so dass der Punkt zum Fokus wird, die Idee zur Tat.
Ähnlich verhält es sich beim Entstehen dieses Buches ***Wollquilts***, das die Erfahrungen im Umgang mit Wollstoffen darstellt, die Herausforderung, mit Wollstoffresten zu arbeiten, und schließlich als Ergebnis die Kreationen selbst.

Der erste Schritt war das Betrachten und Bewundern von Abbildungen der wunderschönen Wollquilts der Amish und der Mennoniten aus Amerika. Die Farbzusammenstellungen, die geometrisch angeordneten Blöcke und schließlich die Einmaligkeit des anspruchsvollen, fantasievollen und perfekten Quiltens regten mich an.

Der zweite Schritt war ein konkreter.
Die international bekannte Patchworkkünstlerin Bridget Ingram-Bartholomäus hatte die Idee, einen Wollquilt für die Ausstellung der British Quilters' Guild in Edinburgh 1993 zu kreieren (Seiten 19 und 20). Als ich davon erfuhr und das schrittweise Wachsen des Quilts miterleben durfte, war ich einfach überwältigt. Ich war Patchworkanfängerin und hatte bisher nur mit bunten Baumwoll- und Seidenstoffen gearbeitet. Jetzt sah ich zum ersten Mal bewusst die Vielfalt der Webarten, die Fülle an karierten Wollstoffmustern und fing an, Wollstoffe zu sammeln.

Der dritte Schritt begann bei den Mülltonnen. Die Freundin einer Patchworkerin sah beim Entleeren ihres Abfalls, wie jemand haufenweise Textilproben in den Abfallcontainer warf. Sie hinderte ihn daran mit der Bitte, die Musterkollektion von verschiedenen Textilfabriken ihrer Freundin zu überlassen.

Dies ist die Quelle, aus der die meisten der in diesem Buch gezeigten Quilts gearbeitet worden sind. Als erstes entstand in Gemeinschaftsarbeit ein Verlosungsquilt aus 20 x 20 cm Streifenblöcken (Seite 22). Die Arbeit mit den ungewohnt warmen, weichen und sanften Materialien brachten uns ganz neue befriedigende Erfahrungen.

Daraus entwickelte sich **der vierte Schritt**: das sogenannte Wollreigenprojekt. Das hat nichts mit Tanz zu tun, sondern mit Reigen im Sinne von:

Introduction

Sometimes different steps can lead to a point, which in turn inspires and excites somebody's mind, thus turning the point into a focus and translating thought into action.
That is how the book "Wool Quilts" came about. It describes the experience of working with woollen fabrics, and the challenge of working with scraps of fabric, and finally it shows pictures of the created quilts.

The **first step** was looking at pictures of wool quilts made by the Amish people and Mennonites (U.S.A.) and admiring their wonderful art. I was inspired by their colour combinations, the geometric arrangement of blocks and, last but not least, the sophisticated, imaginative and perfect quilting.

The **second step** was a more concrete one. The well-known quilt artist Bridget Ingram – Bartholomäus had the idea to create a wool quilt for the exhibition of the British Quilters' Guild in Edinburgh in 1993 (page 19 and 20). I heard about it and was able to watch the step by step progress of making this quilt, and I was simply overwhelmed. At that time I was a quilting novice and had only used cotton and silk fabrics. Now, for the first time, I became aware of the great variety in weaving structures and in patterns and plaids of wool fabrics, and I started my own fabric collection.

The **third step** began at the garbage container. Taking her garbage to the bin, a friend of a quilter watched somebody throwing out bags of fabric samples. Luckily, she managed to persuade him to hand over to her all the pieces of material instead. She returned with a collection of gorgeous woollen fabric swatches from different textile manufacturers.

Most of the quilts shown in this book in fact originate from this source of supply.
We started with a joint project for a raffle quilt, made from strip pieced blocks in 20 x 20 cm size (page 22). Working with the strangely warm, soft and pliable fabrics was a new and very satisfying experience.

This led to the **fourth step**, our so-called "wool square dance". It relates to dancing in the sense of receiving something and adding something and

etwas bekommen – etwas dazutun – etwas daraus machen – etwas weitergeben.
So kreisten seit 1997 Tüten voll mit Woll- und Wollgemischstoffen und immer auch einigen fertigen Streifenblöcken der Vorgängerinnen von Hand zu Hand durch die Berlin-Brandenburg-Patchworklandschaft.

Ein Teil, der in diesem Projekt entstandenen Quilts sind in der gleichen Reihenfolge abgebildet wie sie erarbeitet worden sind. Beim genauen Betrachten erkennt man mitunter die eingearbeiteten Blöcke der Vorgängerinnen.

Inzwischen gab es wieder Wollstoffnachschub, und ich sprach andere Patchworkerinnen an, ob sie auch einen Wollquilt nähen wollten, diesmal nach eigenen Entwürfen.
So begann seit 1999 **der fünfte Schritt**.

Zusätzlich sprach ich Patchworkerinnen an, von denen ich Wollquilts gesehen hatte, ob sie sich nicht auch mit ihren Kreationen, die aus eigenen Wollstoffvorräten entstanden waren, an diesem Buch beteiligen wollten. Nach diesem **sechsten Schritt** kam mir noch die Idee für den **siebenten Schritt**, nämlich die Kombination von Wollstoffen mit Samt, Seide und Baumwolle.

Ich bat alle Patchworkerinnen, einen Text zur Entstehungsgeschichte ihres Quilts zu verfassen, sozusagen als Schlüssel zur Gestaltung. Ebenso gibt der Text den emotionalen Hintergrund für den Quilt und macht deutlich, wie schwierig die Stoffauswahl aus den teilweise begrenzten Vorräten war. Für viele war es eine große Herausforderung, Ideen zu entwickeln und das erste Mal mit Wollstoffen zu arbeiten.

Mein Grundgedanke bei all diesen Schritten war, die Tradition des ursprünglichen Patchworks weiterzutragen, nämlich aus Resten, die man sich nicht unbedingt aussuchen konnte, etwas Einzigartiges, Schönes zu gestalten.
Jede Einzelne hat dies auf ihre ganz besondere kreative Art getan. Dafür möchte ich mich bei allen, die mitgemacht und mitgedacht haben, ganz herzlich bedanken.

Möge vielen Patchworkerinnen dieses Buch eine Freude und Anregung sein.

making something new and passing it on, with regular timing and movement: Several bags filled with scraps of pure and mixed woollen fabrics, sometimes with added finished blocks from the previous quilter, made the rounds in the Berlin – Brandenburg patchwork community for over two years.

Some of the quilts of this project are shown in the order they were created. At close inspection one can sometimes detect the incorporated blocks of the previous quilt maker.

In the meantime our supplies of woollen materials had been renewed, and I started asking other quilt makers if they would like to make a wool quilt of their own design from this supply. That is how the **fifth step** began.

Additionally, I approached quilters whose work I had seen previously. They had created wool quilts of their own designs and their own supplies; these quilts appear in the **sixth step**.
In the **seventh step** quilts made from a mixture of textiles are shown, combining wool fabrics with silks and velvets and cottons.

I had asked each of the quilt makers to write a statement regarding the conception and making of their quilt, as a key to understanding the design. The statements reflect the emotional background and highlight the difficulties of selecting fabrics from limited supplies. Many quilters felt quite challenged having to develop their own ideas and to master the technical difficulties of working with wool materials for the first time ever.

All this time and at every step, my basic idea was to carry on the art of patchwork and quilting in its most traditional form: to create something unique and beautiful from limited supplies of scrap fabrics. Each quilt maker has succeeded doing this in her own special way. For this I am very grateful and I want to express my warm-hearted thanks to all that have participated in the planning and doing.

I hope this book will delight and inspire other patchworkers.

Edda Gehrmann, Oktober 2001

Der erste Schritt

Ayla's Roman Stripes
Ayla Albert
136 x 170 cm
2001

Beates Wollquilt

Schon immer habe ich Quilts bewundert, die aus alten Kleidungsstücken gestaltet wurden. Ich stelle mir vor, dass man sie wie Fotoalben betrachten kann. Als nun mein geliebter, taubenblauer Wintermantel ausrangiert werden musste, kam mir sofort die Idee, eine Wolldecke daraus zu nähen. Ich sammelte und kaufte Stoffreste. Als genügend Stoff vorhanden war, stellte ich fest, dass der Mantelstoff viel zu dick für das vorgestellte Muster war.

Nun ist es wieder kein Erinnerungsquilt geworden.

Beate's Wool Quilt

I have always admired quilts that were made from old pieces of clothing. It must be like looking at a photo album. When my favourite powder blue winter coat was worn out, I instantly thought of making it into a quilt. I collected and bought fabric remnants until I had enough material. Then I realized that the material of the coat was far too thick for the intended pattern.

In the end my wool quilt did not turn into a memorial quilt.

Beate Buchenberg
148 x 200 cm
2001
Log Cabin, handgenäht, handgequiltet – handsewn, handquilted

Roses Quilt

Ich liebe textiles Material.
Ich liebe Farben.
Ich liebe klare Formen.
Was gibt es da Schöneres als in einem großen Berg Wollstoffabschnitten zu wühlen, zu sortieren, zu verwerfen, wieder von Neuem zugreifen. Und klarer geht es nicht, als sich für das One-Patch zu entscheiden.

Die Farbkomposition war nicht eine alleinige Entscheidung. Wir knieten zu dritt auf dem Boden und begannen nach dem Dominosystem zu legen: statt der Zahlen wählten wir Farben, das freie Feld galt als Schwarz. Dabei entstanden Lücken, die wir mit passender Farbwahl ergänzten. Außerdem wechselten wir die Plätze, damit nicht eine Seite eine zu persönliche Handschrift zeigt.

Es gab freudige Adrenalinstöße. Mit Blinzeln der Augen wurde die Gesamtwertigkeit gemessen, Korrekturen gemacht und da stand auch schon fest, ein schmaler leuchtender Streifen muss das Ganze zusammenhalten. Auf der Basis des weichen dunklen Randes entfaltet der Quilt seine ganze Leuchtkraft.
Edda sei Dank.

Rose's Wool Quilt

I love textiles.
I love colours.
I love distinct shapes.
Consequently, what could be more satisfying than rummaging in a pile of fabric swatches, sorting and rejecting and selecting anew. And no form could be clearer than a one-patch design.

Selecting colours was not a single-handed-decision. Three of us were kneeling on the floor and started laying fabric swatches in the domino system: instead of numbers we chose colours, free squares translated into black. Gaps were filled with suitable shades. We changed position as well to prevent areas of "personal handwriting" in the colour selection.

Adrenalin spurred our excitement. Squinting we checked colour values, some areas needed improvement, and then we knew we wanted a narrow strip of high intensity colour to keep it all together. Based on the soft dark border the design develops its glow.

Thank you, Edda.

Rose Lindlar
124 x 188 cm
2001
One-Patch

Dem Himmel ein Stück näher

Jacobs Leiter

Genesis 28 Vers 12, 13 und 15:
„Da hatte er einen Traum: Er sah eine Leiter, die auf der Erde stand und bis zum Himmel reichte. Auf ihr stiegen Engel Gottes auf und nieder. Und siehe, der Herr stand oben und sprach: Ich bin der Herr, der Gott deines Vaters Abraham und der Gott Isaaks. **Ich bin mit dir, ich behüte dich, wohin du auch gehst.**"

Haben diese Worte nicht Gültigkeit für jeden Menschen?

A Little Closer to Heaven

Jacob's Ladder

Genesis 28; verse 12, 13 and 15:
"And he dreamed, and behold a ladder set up on earth, and the top of it reached to heaven: and behold the angels of God ascending and descending on it. And, behold, the LORD stood above it, and said, I am the LORD God of Abraham thy father, and the God of Isaac: **Behold, I am with thee, and will keep thee in all places wither thou goest.**"

Doesn't this hold for all of us?

Edda Gehrmann
122 x 183 cm
2001
Jacob's Ladder
handgequiltet von Manuela Scheller – handquilted by Manuela Scheller

Regines Bärentatzen-Quilt

Der Quilt entstand 1988, als mein zweiter Quilt überhaupt. Ich hatte ein einziges Quiltbuch: „115 Classic American Patchwork Quilt Patterns" von Maggie Melone.
Das Material ist ein alter Wollrock und Stoffreste aus der Nähtruhe meiner Mutter. Die Kniedecke war ein Geschenk für meinen Schwiegervater, der sie fünfzehn Jahre lang benutzt hat. Nun ist der kleine Quilt wieder bei mir. Ich sehe all die Fehler und Unzulänglichkeiten, freue mich aber trotzdem an dem Stück.

Regine's Bear's Paw Quilt

I made this quilt in 1988, it was my second quilt ever. I only had one quilting book then, the "115 Classic American Patchwork Quilt Patterns" by Maggie Malone.
The materials I used came from an old woollen skirt and from my mother's sewing box. I gave the lap quilt as a present to my father-in-law, who used it for 15 years. Now the quilt has returned to me. I can see all the mistakes and shortcomings but nevertheless, I am still quite pleased with it.

Regine Söding
107 x 107 cm
1988

Der zweite Schritt

But Baby It's Cold Outside

Zu Hause stand seit langem ein ganzer Karton mit Wollstoffen herum. Eines Tages begann ich mit diesen Stoffen verschiedene Log-Cabin-Techniken auszuprobieren, denn ich wollte in dem Jahr mehrere Log-Cabin-Kurse geben (und außerdem Platz in meinem Atelier schaffen). Mit diesen Wollstoffen entschied ich mich ganz bewusst dafür, mit überlappenden Säumen zu arbeiten, damit die Nähte nicht so stark belastet würden wie beim Zusammensetzen der Stoffstücke nach der üblichen Patchwork-Methode.

Die Größe des Mittelstücks wurde durch meinen ersten Versuchsblock bestimmt und der war ja auf ganz lockere Art entstanden – beim Ausprobieren und Experimentieren! Der Quilt entstand nach der „Quilt-as-you-go" Methode, d.h. ich nähte Streifen auf einen dickeren Wollstoff auf und verband die einzelnen Blöcke mit weiteren Wollstoff-Streifen miteinander. Eine Hose, die mir leider nicht mehr passte, hat in diesem Quilt eine neue Aufgabe gefunden. Der fertige Quilt ist sehr gewichtig geworden; in den einzelnen Blöcken hatte ich überflüssige Nahtzugaben nicht weggeschnitten, denn schließlich sollte es auf ganz altmodische Weise eine warme Decke werden. Man liegt höchst angenehm und gemütlich warm unter dem Quilt, nur zum darauf Sitzen eignet er sich nicht so sehr wegen all der dicken Nähte zwischen den Blöcken.

But Baby It's Cold Outside

As I had a box full of wool fabric-samples, I thought I would use them (make some space) for an experiment with some Log-Cabin blocks, as I was teaching several log-cabin workshops that year. I had consciously decided that I wanted to use these wool fabrics in a method with overlapping seams rather than the usual piece type of joining as the stress on the seam would be not so extreme.

The size of the centre was dictated by the size of sample I used in the first block I made, which happened in a very leisurely manner, after all, I was experimenting! I used the quilt-as-you-go method, sewing strips onto thicker wool fabric. The blocks were joined together using another strip of (wool) fabric to cover over the seams. A pair of trousers that I could no longer wear (too fat) have also found a new life in this quilt. The finished piece was very heavy. I did not trim surplus fabric within the blocks, after all, one of the basic uses of a quilt is to keep the person under it warm. It's quite comfortable to lie under, but not to sit on, because of all the thick seams where the blocks are joined.

Bridget Ingram-Bartholomäus
156 x 200 cm
1993

Bridgets Wollquilt – Rückseite – Back

Der dritte Schritt

Verlosungsquilt

Anlässlich der 10-jährigen Geburtstagsfeier des Berlin-Brandenburg Patchworktreffs wurde dieser Wollquilt von neun Patchworkerinnen erarbeitet.
Vorgabe war ein 20 x 20 cm Block, unterteilt mit 1–3 Streifen auch aus Wollstoffen oder einem anderen Material.
Die diagonale Anordnung der Blocks mit wechselnder Richtung der Streifen ergab ein einheitliches Ganzes.
Der Erlös wurde den Berliner Obdachlosen gespendet.

Raffle Quilt

In celebration of the tenth anniversary of the Berlin – Brandenburg Patchwork Meeting nine quilt makers created this wool quilt.
As a rule we decided to piece blocks of 20 x 20 cm size with one to three dividing strips, possibly in materials other than wool.
Arranging the blocks diagonally with changing direction of the stripes pulled it all together.
The proceeds were donated to the homeless people of Berlin.

Gruppenarbeit – Group project
130 x 223 cm
1997

Der vierte Schritt

Ein Streifenexperiment

Vom Verlosungsquilt blieben ca. 12 Blöcke übrig, darunter ein Block mit einem Baumwollstreifen bedruckt mit lachenden Kindergesichtern. Ich nahm diesen Block, platzierte ihn in die Mitte, nähte weitere hinzu, und integrierte acht übrig gebliebene Blocks.

Als Grundfarbe für das Top wählte ich Braun (die Farbe, die mir am wenigsten gefällt), weil ich davon eine große Menge an Wollstoffcoupons bekommen hatte. Zwischen das dunkle Braun nähte ich leuchtende Farbstreifen.
„Türkis ist Trumpf" lautete das Motto.

Während dieser Arbeit kam mir die Idee für das Wollreigenprojekt. Ich nähte weitere Blöcke und gab sie mit vielen Wollstoffen an Renate weiter.

Strip-Piecing Experiment

There were about twelve blocks left after putting together the raffle quilt, one of them containing a print with faces of laughing children. I chose this block for the centre, sewed new blocks and integrated eight more left-over blocks.

For the main colour I chose brown (the colour I like the least) because I had by then received a goodly amount of woollen swatches of this colour. In between the dark brown strips I placed some bright colours.
"Turquoises are trumps" was my motto.

While I was working on this quilt the idea for the "wool square dance" project was born. I sewed some more blocks and handed them, together with lots of woollen materials, on to Renate.

Edda Gehrmann
136 x 211 cm
1997

Renates Wollquilt

Mit diesem Wollquilt
habe ich mich eingereiht
in den „Reigen" der Berliner Patchwork-Frauen.
Ich sehe die Kette der Frauen
weiterreichen in die Vergangenheit,
weit durch die Zeiten der Kulturen.
Immer haben die Frauen
ihre Lieben und sich selbst
geschmückt und gepflegt,
geschützt und gewärmt
mit ihrer Arbeit,
die uns hier und heute
Vergnügen sein darf.
Mit ihnen allen den textilen Traditionen
fühle ich mich gern verbunden.

Renate's wool quilt

With this woollen quilt
I have joined the "square – dance"
of the Berlin Patchwork ladies.
I can see a chain of women
extending into the past
through time and space.
Women have always
cared for their loved ones,
decorating and protecting
and warming
with their work,
which for us and today
is an enjoyable pastime.
I love feeling the linkage
through textile tradition.

Renate Beland
150 x 240 cm
1997

Hannelores Wollquilt

Ich nähe gerne Quilts für meine Freunde, weil ich dann viele Wünsche und Gedanken einnähen kann. Bei dieser Decke war der Anlass das Wollreigenprojekt.

Viele helle Wollmustercoupons und einige beigefarbene Streifenblöcke waren in den Tüten. Da traditionelle Quilts fast immer aus Baumwollstoffen genäht sind, war die Arbeit sehr interessant.

Ich hatte noch viele kleine Quadrate bestehend aus 2 Dreiecken von einer anderen Arbeit und ich kombinierte sie mit großen Quadraten aus den Wollstoffen, die ich wegen ihrer Struktur nicht zerschneiden wollte. So wurde ganz schnell ein Quilt daraus.

Eine liebe Bekannte sah den fertigen Quilt bei mir und war so begeistert, dass ich ihn ihr zuerst als Leihgabe im letzten Sommer gab und dann im November zum 79. Geburtstag schenkte.

Hannelore's Wool Quilt

I like making quilts for friends because I can sew all sorts of thoughts and wishes into them. This quilt was started because of the "wool square dance" project.

In the bags I found many light-coloured woollen swatches and a few strip-pieced blocks in light brown. Usually traditional quilts are made with cotton fabrics, so working with woollens was a very interesting experience.

From an older project I still had some small squares made out of two triangles and I combined these with larger squares from fabric scraps I did not want to cut into because of their interesting texture. The quilt grew quickly.

A dear friend saw the finished quilt when she came for a visit, and she was so thrilled with it that I gave it to her last summer, first as a loan and by November as a gift for her 79th birthday.

Hannelore Zeller
135 x 210 cm
1998

Winter...Wärme

Der Blick in eine Tüte mit Wollstoffresten, die mich anstrahlten in lila, türkis, violett und blau, umgeben von karierten und dunkelblauen Farben, reizte mich sie zu verarbeiten. Für mich war es spannend, den Inhalt der Tüte in eine Ordnung zu bringen, die in ihrer Farbgestaltung harmonisch und ausgeglichen wirkt.

Winter...Warmth

Looking into a bag with wool scraps of violet, turquoise, purple and blue bits of fabric, surrounded by checks and dark blue solids, I was intrigued to use them in a quilt. I felt challenged to sort the contents of the bag into a harmonious and balanced colour composition.

Hannelore Zeller
115 x 150 cm
1998

Ingrids Wollquilt – Ingrid's Wool Quilt
Ingrid Wieland
105 x 187 cm
1997

Thea's Wollquilt

Die Vorstellung, einen Quilt aus Wollstoffen zu nähen, hatte mich schon seit langem gereizt.
Vor vielen Jahren sah ich bei einer Freundin in Kanada einen Wollquilt liegen, der sehr dunkel und alt aussah und sich wunderbar warm und schwer anfühlte. Auf mein Fragen erzählte sie von dieser Decke:
Die Großeltern ihres Mannes waren um 1900 als junges Paar von Norwegen nach Kanada ausgewandert und siedelten auf einem großen Stück Prärie-Land in der Provinz Alberta. Diese erste kanadische Generation von homestead – Bauern mußte sehr hart arbeiten, um das Land urbar zu machen und davon leben zu können; sie waren so arm, daß Bettdecken nicht gekauft, sondern nur aus Stoffresten hergestellt werden konnten, ganz in der historischen Tradition des amerikanischen Quilts. Der Wollquilt, ein traditioneller Farm Hand Quilt, war um 1910 entstanden, und zwar aus den Teilen von abgelegten Tweed – Jackets und Mänteln, die noch nicht verschlissen waren, z. B. aus dem oberen Rückenteil und aus schmalen Vorderstücken. So konnten gute Wollstoffe wiederverwertet werden und jemanden nachts wärmen und schützen. Von Anfang an war es ein Familien-Quilt; er wurde benützt, immer wieder repariert und sehr geliebt, und bei der Hochzeit des ältesten Sohnes weitergegeben.
Die Beständigkeit dieser Handarbeit aus Stoff, von einer Frau für ihre Familie genäht und inzwischen bei der dritten Generation in Gebrauch, hatte mich sehr beeindruckt.
Als ich viele Jahre später in Berlin die Gelegenheit bekam, aus schier unerschöpflichen Vorräten von Wollstoff-Proben Stoffe für einen eigenen Wollquilt auszuwählen, griff ich deshalb ohne zu überlegen zu. Der Quilt entstand in kürzester Zeit, wie in einem Traum; meine Augen genossen die Farben und meine Hände die unterschiedlichen Stoffqualitäten. Das relativ einfache und strenge Blockmuster erlaubte viel Freiheit beim Zusammenstellen von Farben und Strukturen und sorgte gleichzeitig für den formalen Zusammenhalt.
Viele Gedanken und Wünsche für meinen Mann und unsere Familie sind in den Quilt mit eingenäht; in den Rand quiltete ich mit Sashiko – Garn eine Widmung für meinen Mann und setzte das Double Wedding Ring Muster dazu, das dem mathematischen Unendlichkeitszeichen sehr ähnlich ist. Ich wünsche meinem Wollquilt ein langes Leben in unserer Familie!

Thea's Wool Quilt

I always knew that one day I would sew a wool quilt. Many years ago in Canada I happened to see a wool quilt at a friend's house, and it was dark and old and heavy and had a very warm and cosy feeling. She told me its story:

Her husband's grandparents had immigrated to Canada from Norway around the turn of the century and settled on a large prairie lot in the province of Alberta. This first generation of homestead farmers had to work incredibly hard to make a living off the land and they didn't have the money to buy quilts but had to make them from scraps, quite in the historical tradition of the American quilt. This particular wool quilt, a traditional Farm Hand quilt, was made around 1910 from old tweed jackets and winter coats, using the not too badly worn parts like the upper back or smaller pieces from the front. This way woollen cloth was useful to the very last thread, protecting and warming people. The quilt became a family heirloom, always in use and repaired lovingly, and at the wedding of the eldest son it would be handed down to the next generation.

The constancy and endurance of this textile handicraft, created by a woman for her family and by now in use in the third generation, left a lasting impression.
Without thinking I therefore seized the opportunity to create a wool quilt when I was offered the chance to dip in the inexhaustible plastic bags full of wool samples. The quilt grew very quickly while I luxuriated in all the different colours and textures. The simple rigid block pattern offered relative freedom in the choice of colour and texture and at the same time granted formal unity.

Many thoughts and wishes for my husband and our family are sewn into this quilt. Into the border I quilted with sashiko thread the Double Wedding Ring design, which reminds me of the mathematical infinity symbol, wishing my quilt a long life in our family!

Thea Oberberg
160 x 230 cm
1998

Marie-Alices Wollquilt

Le défi rouge et bleu, de Edda
Die Blau Rot Herausforderung von Edda.

Am Anfang waren Wollreste und das Projekt der Fertigstellung einer Patchwork-Decke...
Dann folgten Zeiten, keine Idee, keine Lust...
Dann kam doch das Kompositions-Motiv: Treppe...
Steigerung, Anstrengung, Herausforderung...
Dann das schwierige zu Ende fertigmachen...
Dann kam sie, meine Patchwork-Freundin. Durch ihre Freundschaft brachte sie mir die nötige Motivation und Hilfe um das Werk zur Vollendung zu bringen.

Alles in dieser Decke ist symbolisch:

Wolle: für Wärme der Freundschaft
Rot: für Freude und Lebenslust
Blau: für die Emotionen und Dankbarkeit
Dunkel Marine: für die Unlust
Andere Streifen: das unbewusst Pikante im Leben
Treppe: für die herausfordernde Arbeit

Das Quilten mit einem dicken blauen Wollfaden unterzeichnet das Motiv und ist unregelmäßig wie meine Lust am Nähen war. Mir gefällt diese neue Betonung; damit bekommt die Decke einen Kick, ein anderes Relief.
Der Unterstoff ist ein schönes blaues Laken aus weichem Molton, sehr kuschelig... Eine tolle Idee meiner Freundin.
Die Decke liegt jetzt auf einem Sessel in meinem Atelier in Paris und ist für mich etwas Besonderes: die Erinnerung an eine Zeit, in der ich Hilfe annehmen musste – und diese Zeit ist mir kostbar geworden. Ich liebe die Decke.
Danke Edda von ganzem Herzen

Marie-Alice's Wool Quilt

Le défi rouge et bleu, de Edda
The red and blue challenge of Edda

In the beginning there were wool scraps and the project
Of creating a patchwork quilt...
Then there were times without ideas or motivation...
But then the composition's theme appeared: stairs...
Intensification, exertion, challenge...
Then the difficult effort of finishing the piece....
Then my patchwork friend showed up, and her friendship helped me to find the necessary energy to complete the quilt.

Everything in this quilt has a meaning:

Wool: for the warmth of friendship
Red: for joy and vitality
Blue: for emotions and gratitude
Navy blue: for listlessness
Stripes: for the unexpected spicy bits in life
Stairs: for the challenging work

The quilting lines with thick blue thread follow the design and are as irregular as was my changing motivation to sew. I like the slight distortion of the stair pattern, it peps up the design and changes its texture.
The bottom fabric is a soft brushed cotton in blue, very cosy ...my friend's marvellous idea.

These days I keep the quilt on an easy chair in my studio in Paris and it has taken on a special meaning: it reminds me of a time when I had to accept help – a time that is precious to me now. I love the blanket. Thank you Edda from all my heart.

Marie-Alice Wilke
125 x 188 cm
Paris 2000

Carmens Wollquilt

Wieso bereitet man immer nur anderen eine Freude z.B. mit schönen Patchworkdecken, wieso nicht einmal sich selbst beschenken?
Nachdem bereits einige Damen beim Patchwork-Treff ihre fertigen Wolldecken vorstellten, war ich vom Reigenprojekt, zu dem Edda aufrief, ganz begeistert und mir war sofort klar: solch eine Decke arbeite ich für mich. Ich sah mich schon auf meiner Couch liegen, eingekuschelt in „Meine Decke".
Da eine Vielzahl von verschiedenen Wollstoffen in Plastiktüten weiter gereicht wurden, entschied ich mich für beige/braune/grüne Töne, die gut zu unserem Wohnzimmer passen. Durch die Hell-Dunkel-anordnung der Blöcke brachte ich etwas Ruhe in die ausgesuchten Stoffe.
Da ich beruflich sehr eingespannt bin, dauerte die Fertigstellung der Wolldecke allerdings eineinhalb Jahre – damit wird dieses „Werk" noch wertvoller.

In der Zwischenzeit wollen wir unser Wohnzimmer umgestalten – nun muss sich die Farbgestaltung wohl nach der Wolldecke richten!

Carmen's Wool Quilt

Why do we always create beautiful quilts to give to somebody else – why not make one for ourselves?

After having seen a few of the finished wool quilts from the "wool square dance" project at our monthly meetings, I was really inspired and decided to make one for myself. Already I could see myself snuggled up under "my quilt" on our chesterfield!

Out of the variety of woollens in the plastic bags I chose beige, brown and green tones that would go well with our living-room décor. I tried to achieve harmony in the design by arranging the varied fabrics based on a light – dark scheme.

Since my job takes up much of my time and energy it took a year and a half to complete this quilt, – which makes it even more precious to me.

We decided to redecorate our living-room since then, but this time the décor will have to adjust to the quilt!

Carmen Lippolt
138 x190 cm
2001

Veras Wollquilt

Edda hat mir keine aufregenden Stoffe gegeben. Ich fiel fast in Ohnmacht, als ich die „Tüte“ leerte. Stoffstücke in verschiedenen Größen, in dunklen Erdfarben waren vorhanden und ein paar Blöcke mit Streifen waren vom Reigenprojekt übriggeblieben.

Mein erster Gedanke ging in Richtung Bargello. Ich fing an Streifen in verschiedenen Breiten zu schneiden; das war mein Fehler. Es wurde kein Bargello! Es sah aus wie abgeerntete Ackerfelder. Um die Flächen lebendig werden zu lassen, applizierte ich Bäume aus Baumwolle, verschiedene Blätter, Tiere, Blumen aus den kleinen farbigen und karierten Musterstückchen. Dadurch erhielt dieses Top eine gewisse Ausstrahlung. Außerdem liebe ich es, in meinen Arbeiten etwas Lustiges zu gestalten.
Die Decke ist ausschließlich mit der Maschine gearbeitet.
Für kalte Winterabende eine ideale Zudecke.

Vera's Wool Quilt

Edda didn't give me any exciting fabrics. I nearly died when I emptied the bag. There were scraps in all sizes, in dark earthen tones, and a few left over strip-pieced blocks from previous quilters, and that was all that was left from the "wool square dance" project.

Bargello was my first design idea. I cut strips in different widths but that was a mistake. It did not turn into bargello! It looked more like fields of stubble after harvesting. To liven up those areas I appliquéd trees in cotton, and leaves, animals and flowers out of the tiny patterned and colourful scraps. They added something to the top. And I love creating happy and funny designs.

The quilt is done entirely by machine.

An ideal extra blanket on cold winter evenings.

Vera Lietz
138 x 180 cm
1998

Mein erster Wollreste-Quilt

Vera Lietz gab mir die Restetüte mit der Bemerkung: „Da ist wirklich nichts Brauchbares mehr drin" zurück. Und beim Blick in die Plastiktüte schien es auch so zu sein. Fast alle Wollstoffe waren verarbeitet worden. Kleine Stückchen in beige-braun-grau und schwarz waren von dem Reigenprojekt, an dem 15 Frauen teilgenommen hatten, übrig geblieben. Sollte dies das Ende sein? War der Mülleimer die letzte Station des Reigenprojekts? Denn dort hatte es schließlich einmal angefangen. Nein!

Ich sortierte die kleinen Stoffstückchen auf dem Fußboden meines Arbeitszimmers nach Farbintensität in hell, mittel, dunkel und buntfarbige. Letztere nahm ich als kleine Mitte, nähte helle und mittelfarbige drum herum - und schon hatte ich mehrere Log-Cabin ähnliche Blöcke. Diese ordnete ich im Wechsel mit dunklen Quadraten an und fertig war der mittlere Teil einer Decke. Den breiten Rand konnte ich aus dem Nachschub neuer Wollcoupons annähen. Gequiltet wurde mit der Maschine.

Daß damit das Wollstoffprojekt beendet sein sollte, machte mich traurig. So nähte ich weitere kleine Blöcke und gab sie mit viel Wollstoffresten und einigen Streifenblöcken erneut an die Gruppe weiter.

Wie es weiter gegangen ist, zeigen Regines und Birgits Quilts.

Eigentlich ist Patchwork nie richtig planbar und schon gar nicht, wenn man nur mit kleinen Resten und Musterproben arbeitet, die ursprünglich für eine Saison in der Modebranche gedacht waren. Vielleicht sind deshalb Scrapquilts besonders reizvoll für mich.

My First Scrap Quilt In Wool

Vera returned the scrap bag to me saying: "There is really nothing worth while left any more." And looking at the contents of the bag she seemed to be right. Nearly all the woollen materials had been used up. Tiny scraps of beige – brown – grey and black were left after fifteen quilt makers had participated in the wool square dance. Was this the end? Was the garbage bin the last station of the project? In a way, that was were it had started.
No!

I sorted the tiny scraps on the floor of my studio into light, medium, dark and mixed colours. The mixed colour ones I placed into the centre and added light and medium values around them, and before I knew it there were several log-cabin like blocks. Alternating these with dark squares created the middle part of my quilt. Thanks to renewed supplies of woollen swatches I was able to finish the quilt with a wide border. Quilting was done by machine.

That this should be the end of the wool quilt project made me feel very sad, and in the end I decided to rekindle the flame. I sewed a few more blocks out of the remnants, added them to newly accumulated supplies of wool fabrics and handed the bags over to the group again.
Regine's and Birgit's quilts show the continuation of the story.

Patchwork cannot be planned when working from irregular fabric supplies with materials that were intended for one season's fashion only. Maybe that is the reason I like scrap quilts so much.

Edda Gehrmann
123 x 182 cm
1998

Birgits Wollquilt

Zwei große Plastiktüten und eine Papiertüte vollgestopft mit Wollstoffresten und einigen Blöcken erhielt ich von Edda. Als ich den Inhalt der Tüten auf dem Boden der Veranda ausgebreitet hatte, kam mir nur ein Gedanke, Edda die Tüten wieder zurückzugeben.

Was soll ich mit Farben anfangen, die nicht meine sind? Das war eine Herausforderung! Ich nahm einen Block heraus, fügte einen grauen Wollschal, den ich bei einem Waldspaziergang gefunden hatte und ein abgetragenes grau-rot-kariertes Flanellhemd meines Mannes hinzu und ergänzte diese Teile mit den vielen Wollstoffresten aus den Tüten. Die genähten 20 x 20 cm Streifenblöcke ordnete ich nach dem Muster „Chinese Coins" (chinesische Münzen) an. Als Zwischenlage nahm ich die Wolldecke meines Vaters, die er während des Afrikafeldzuges im Tornister trug. Für die Rückseite und den Rand wählte ich roten Baumwollstoff, den ich zufällig geschenkt bekam.

Das Vorbild meiner Großmutter, die Entwurfsschneiderin war und mir nahe legte, gebrauchstüchtig zu arbeiten, hat mich bewogen, den Mittelteil der Decke in engen Quilt-Linien diagonal gekreuzt zu quilten. Als Kontrastpunkt zur strengen Mitte quiltete ich den Rand in lyrischen Formen.

Birgit's Wool Quilt

I received two large plastic bags and a brown paper bag filled to the rim with woollen fabric scraps and a few blocks from Edda. When I had spread the contents on the porch all I could think of was returning the bags to Edda straight away.

What was I to do with colours that weren't mine? This was a challenge! I took out one of the blocks and added a grey woollen scarf I had found walking in the park and a worn red and grey plaid flannel shirt of my husband's; the rest was filled in with scraps from the bags. The strip pieced 20 x 20 cm blocks were arranged in the "Chinese Coins" pattern. As batting served an old woollen blanket my father had carried in his pack when he was a soldier on the African campaign. For the backing and the border I chose a red cotton fabric I had been given not too long ago.

My grandmother had been a designing dressmaker, and I remember her advice to make useable textiles, so I decided to quilt the centre part in close diagonal cross hatched lines. To contrast the geometric quilting in the centre I used lyric quilting designs in the border.

Birgit Beckmann
127 x 195 cm
1999

Regines Wollquilt

Wieder keine Kuscheldecke...

Für mich war es eine Herausforderung der ganz besonderen Art! Schon der Blick in diverse Tüten brachte mehr Frust als Lust! Düstere Stoffe, eine ganze Schwarz-Anthrazit-Braun-Palette, nur hier und da ein kleiner Farbklecks. Am liebsten hätte ich die Tüten wieder zurückgegeben und fertig.
Es hat dann auch einige Tage gedauert, bis so ein Funke von „nun gerade" in mir sprühte. So wie man im täglichen Leben auch schwierige Situationen meistern muss, muss es doch mit diesen schrecklichen Stoffen auch gehen. Also, ran an die Arbeit! Zur Aufmunterung habe ich mir erst mal alle Farbkleckse herausgesucht. Siehe da, es waren mehr als ich dachte. Sogar einige größere farbige Stücke und mehrere kleinere Log-Cabin-Blöcke mit einer farbigen Mitte waren dabei. Plötzlich war eine Idee geboren. Das kleine Stück sollte von diesem größeren „profitieren". Durch die Größe der übrigen Stücke ergab sich fast automatisch die Blockart und -größe. Auf diese Weise musste auch kaum etwas zugeschnitten werden. Die Stimmung stieg, es fing an zu kribbeln. Der richtige Zeitpunkt sich an die Arbeit zu machen war gekommen.
Nach dem Sortieren in hell und dunkel ließ sich alles gut rationell nähen. Mit diesem Stück wuchs die Spannung. Um dem Ganzen eine sinnvolle Größe zu geben, mussten Längsstreifen her. Auch die Idee, endlich einmal eine Decke für mich zu nähen statt immer nur für andere, war gar nicht schlecht. Der nächste Motivationsschub war da.
Die Arbeit war soweit fertig und das Heften der Lagen stand an. Es war ein schöner Sommertag und eigentlich zu schade, um im Zimmer zu sitzen. So bin ich mit allem Zubehör auf die Terrasse gezogen. Auch der Tisch war schön groß zum Arbeiten. Eigentlich mehr aus Spaß habe ich das Top auf dem Tisch „angerichtet". Es passte irgendwie genau darauf, mit gleichmäßigem Überhang, auch mit den Längsstreifen als Tischbegrenzung.
Was dann passierte, mag ein wenig merkwürdig erscheinen. Für mich war sofort klar, das wird eine „Gartentischdecke".
Jetzt habe ich zwar noch immer keine Kuscheldecke, aber trotzdem ein gutes Gefühl. Das Gefühl, wieder eine schwierige Aufgabe gelöst zu haben!

Regine's Wool Quilt

Again no cosy quilt for me...

This was a challenge of a very special kind! Just peeking into several bags was more frustrating than inspiring! Gloomy fabrics, a whole palette of shades from black to dark grey to brown, with only tiny specks of colour. I felt like returning the bags right there and then.
After a few days however, the spark of resistance was kindled. Just as we have to overcome difficult situations in our daily life, shouldn't it be possible to do something with these terrible materials? So, down to work! To cheer myself I started by pickin out all the specks of colour. And lo and behold, there were more than I had thought! I even found a few larger coloured pieces and several small log cabin blocks with colourful centres. And suddenly an idea was born. The small bits should "profit" from the larger ones. The block size was determined by the size of the available pieces, in fact I did not need to do much cutting. My mood changed, I could feel the creative itch. Now was the right time to get started.

After sorting into light and dark fabrics, the sewing proceeded quite efficiently. I was thrilled. For a sensible size of quilt long strips were needed. And I began to like the idea of making a quilt for myself for a change. It increased my motivation.

The top was completed and needed to be put up with batting and backing. It was a beautiful summer day and I didn't feel like being indoors. So I moved the whole lot into the garden. The table had a good size for this work. Just for fun I "laid" the table with the quilt top. It fit beautifully, with just the right size drop on each side and the stripes accentuating the edge of the table.

As strange as this may sound, I knew at once that this "quilt" will be a garden-table-cloth!

I still don't have a cosy quilt but a good feeling: The satisfaction of having solved a difficult problem!

Regine Gottschalk
120 x 190 cm
1999

Der fünfte Schritt

Covering me warm and beautiful
Edda Gehrmann
162 x 203 cm
2001

Helgas Wollquilt

Die Herausforderung

Bei einem Treffen der Patchwork-Gruppe Berlin-Brandenburg wurde ich gefragt, ob ich mich an einem Projekt „Decken aus Wollstoffen" beteiligen wolle.
Spontan sagte ich zu und wählte die Farbtöne dunkelgrün und rot. Mir wurde daraufhin eine „Reste-Tüte" überreicht, die Stoffe mit diesen Farben enthielt. Meine Überlegungen bezüglich des Musters waren bald abgeschlossen; ich entschied mich für ein altes amerikanisches Muster, und zwar für einen Piecework-Quilt mit „Shoo Fly-Muster".
Die Arbeit mit Wollstoffen war mir zwar nicht fremd; das Zusammenfügen der mir zur Verfügung gestellten unterschiedlichen Stoffstärken war dennoch nicht ganz leicht; aber das Werk nahm trotzdem bald seine geplante Gestalt an.
Im allgemeinen sind Decken ja rechteckig. Weil jedoch der benötigte Stoff hierfür nicht reichte (es fehlte das Material für zwei Blöcke), kam ich auf die Idee, die vier Ecken wegzulassen, so dass die Decke achteckig ist und aus meiner Sicht damit auch noch einen zusätzlichen optischen Effekt erreicht hat.
Ich nenne diese Decke „Die Herausforderung", weil ich mich mit der Bearbeitung dieser Wollstoffe – zumindest anfangs – gar nicht anfreunden konnte und ich die Decke schließlich doch zu meiner Zufriedenheit vollendet habe.

Helga's Wool Quilt

The challenge

At one of the meetings of the Berlin-Brandenburg patchwork group I was asked to participate in the wool quilt project.

I agreed spontaneously and chose dark green and red as my colours. Then I was handed a scrap bag containing those colours. I didn't spend much time deliberating which pattern to use and chose the traditional American pattern called "Shoo Fly".

Working with woollen fabrics was not completely new to me, but putting together all the different weights of fabric I had been given was not easy. Nevertheless the work proceeded as planned.

Quilts usually are square. However, I did not have enough material for the last two blocks, and so I decided to leave out the four corner blocks, which made the quilt octagonal – in my view an added interesting design feature.

I call this quilt "the challenge" because at first I couldn't get the hang of sewing the woollen materials, and in the end I managed to finish the quilt to my satisfaction.

Helga Nitschmann
121 x 161 cm
2000

Monikas Wollquilt

Seit ein paar Jahren bekomme ich viele kleine und größere Muster von Stoffen geschenkt: Baumwolle, Seiden, Gemische aus vielen Kunststoffen und Wollstoffe.
Erst wird alles sortiert und zu den anderen schon vorhandenen Stoffen gelegt. Was macht man aber mit solchen Mengen von Wollstoffen? Da habe ich ganz viele davon verschenkt. Edda begann, Decken daraus zu nähen. So bekam ich auch Lust, das mal zu probieren. Es nähte sich besser als ich dachte und machte viel Spaß.

Beim Sortieren der Wollstoffe ergaben sich manchmal ganz von alleine schöne einfache Muster, so auch die blau-grüne Decke. Die kleinen Stücke wurden an die großen genäht. Dann wurde alles zigmal hin- und hergeschoben, bis es mir gefiel, und zusammengenäht.

Monika's Wool Quilt

Over the past few years I have received many gifts of smaller and larger pieces of material: cottons, silks, polyester blends and woollen fabrics.

First I sort them according to material and then I add them to the respective collections. But what to do with so many woollen fabrics? A lot of them I gave away. Then Edda started making quilts with them, and I was inspired to try one myself. It was easier to sew than I thought, and it was a lot of fun too.

Sometimes just sorting the woollen materials resulted in beautiful simple patterns, as with this blue – green blanket. I sewed small pieces to larger ones, then I moved the blocks about until I liked the composition, and finally I sewed it all together.

Monika Borchert
166 x 198 cm
1999

scraps – scraps – scraps
Edda Gehrmann
135 x 192 cm
2001

Lichtblick

Ein Karton, randvoll mit Stoffen.
Ein Winter, der nicht enden will.
Und dann ein Quilt: Wie ein Lichtblick
im trüben Alltagsgrau.

Ray of Hope

A box, filled to the rim with dark materials.
An endless winter.
And then a quilt: like a ray of hope
in the daily gloom.

Ayla Albert
128 x 178 cm
2001

Zu schön zum Zerschneiden

waren meine ersten Gedanken beim Befühlen dieser leichten Wollstoffe. Feinste Wolle, Kamelhaar und ähnliche Kostbarkeiten waren dabei. Sie sollten einen „würdigen" Rahmen bekommen. Dafür mußte mein karierter Lieblingsrock, der nicht mehr der aktuellen Mode entsprach, herhalten. Den äußeren Rahmen bilden Streifen, die auch einmal gern getragene Kleidungsstücke waren. Auf der Rückseite tummeln sich der Mantel meiner Enkelin, eine Hose meiner Tochter und wieder mein Lieblingsrock.

Fast logisch, dass dieser Quilt auch ohne Zwischenlage nicht nur wunderbar wärmt, sondern auch viele Erinnerungen in sich birgt.

Too Beautiful To Cut Into

That's what I thought when I first touched these light-weight woollen materials, among them superfine woollen cloth and camel-hair fabric and other equally luxurious materials. They needed an "honourable" frame. A favourite plaid skirt, now out of fashion, was my choice. The outer border contains fabric pieces from once well loved bits of clothing and in the backing I put pieces of my granddaughter's coat, my daughter's pants and again my favourite skirt.

It goes without saying that this quilt is comfortably warm without batting and a keepsake of many memories.

Regine Gottschalk
136 x 204 cm
2001

Bunte Mohairfransen auf Wollweiß – Colourful Fringe on Wool White
Ayla Albert
121 x 197 cm
2001

Rechenkästchen – Squares And More Squares
Rosita Jux
128 x 160 cm
2001

Äskulapstab

Diesen Quilt habe ich gearbeitet für eine Freundin, die ihren 70. Geburtstag hatte. Sie ist eine dynamische Frau voller Aktivitäten und ich habe manchmal den Eindruck, dass sie Angst hat, etwas zu versäumen. So war es mir ein Bedürfnis, ihr meine Zeit zu schenken, indem ich einen Quilt für sie genäht habe. Vielleicht regt der Quilt sie an, auch manchmal eine Pause zu machen, z. B. einen schönen Frühlingsabend, eingewickelt in den Quilt, draußen zu genießen. Er kann ihr Wärme schenken, wenn sie unpäßlich ist oder sie erfreut sich einfach an der Gestaltung der Decke, mit dem Wissen, dass eine Freundin sich die Finger „blutig gequiltet“ hat.

Staff of Aeskulap

I made this quilt for a friend for her seventieth birthday. She is a very active and dynamic woman, and, in my opinion, she worries too much about missing out on anything. That is why I wanted to give her the gift of my time by sewing a quilt for her. Maybe the quilt will inspire her to take a break once in a while – like enjoying a beautiful spring evening in the garden, wrapped up in the quilt. If she doesn't feel well the blanket will keep her warm, and she can enjoy the design of the quilt, knowing that her friend quilted "until her fingers bled".

Hannelore Zeller
146 x 184 cm
2000

Herbst 2001

Ein Wollquilt, ja dazu hatte ich Lust, denn Wollstoffe verlocken bzw. verleiten mich in den Kaufhäusern zum Anfassen und Betrachten der meist nicht zu grellen Farben. Wollstoffe bergen Wärme, Wärme die man speichern möchte, um etwas abzugeben und um nicht selbst zu erfrieren in diesem kalt gewordenen Umfeld. Kleine Stoffstückchen aus Tuch oder Loden waren meine Spielgefährten in den Nachkriegsjahren als Mutter uns mit ihren Nähkünsten das tägliche Brot sicherte. Ich selbst kam auch in den Besitz einer Wolljacke. Sie gehörte einst dem Vater, der „im Kriege blieb". Die Brüder hatten den Ulster nach Änderung getragen und für mich wurde er gewendet und mit neuen Knöpfen verschönt. Der Stoff – eine Kostbarkeit – unverwüstlich, wärmend und schützend. Und nun nach so vielen Jahren wieder das Erfühlen so vieler kleiner Stoffstücke aus wolligem Material. Vollbepackt mit den „Resten" in mehreren Tüten und vielen guten Ratschlägen von Edda ging es nach Hause. Grün sollte in diesem Quilt die dominierende Farbe sein, aber die Dunkelheit der Farbtöne erschreckte mich doch.

Ein Spätsommertag im Garten an der großen Wiese gab die entscheidende Anregung zur Gestaltung mit Quadraten in der herbstlichen Farbpalette. Die dunklen Grüns sollten durch harmonisierende Farben in der Mitte aufgehellt werden, das warme Grün sollte dem kälteren überwiegen. Größere ruhigere Flächen sollten durch viele durcheinander gewirbelte Quadrate umrundet werden. Ein erster Entwurf entstand und er blieb die Basis für die Gestaltung. Die großen Stücke waren bald gelegt, aber es gab ein ständiges Wechseln der kleinen Quadrate und immer wieder ein Suchen nach Farbnuancen. Da war das Braun zu gelb oder zu grau, das Rot war zu blaustichig, das Orange zu kräftig usw... Immer wieder gab es Anregungen durch die gerufenen oder zufälligen Betrachter, und sie sparten nicht mit Hinweisen. Kinder sind dabei erfrischend ehrlich und für mich immer wichtige Partner. Nach dem Legen kam das Nähen und Trennen. Aus den anfänglichen Stunden wurden Tage und Wochen bis zur Fertigstellung des Quilts. Die Aufgabe war wie ein Motor, der oft auch neu gestartet werden musste, weil die Puste ausgegangen war.

Edda sei an dieser Stelle für ihre freundliche Unterstützung und Ermutigung gedankt. Die Zusammenarbeit mit den Luckenwalder Patchworkerinnen war wie immer erfrischend.

Autumn 2001

A wool quilt – yes, I would definitely like to make a wool quilt! In shopping malls I am always tempted to touch woollen fabrics, they are so enticing in their soft and never garish colours. Woollen materials harbour warmth, something one would like to store and share in these chilling times.

Small snippets of tweeds and Loden were my playmates in the years following the war, when my mother's sewing skills secured the daily bread. I was the owner of a woollen jacket made out of an old Ulster of my father, who did not return from the war. It had been altered to fit my brothers and finally was handed down to me, turned and with new buttons. The tweed material was a treasure – indestructible, warm and protective.

And now, after all these years, I was again feeling snippets of woollen fabrics! Loaded with bags of fabric scraps and good advice from Edda I went home. I wanted green to be the dominant colour in my quilt but was quite scared by the darkness of all the colours.

A late day of summer in the garden, near to the big meadow, made me decide on a design with squares in the colours of fall. The dark green tones in the centre were to be lightened with harmonizing colours, I wanted warm shades of green to outnumber cool ones. Large quiet areas were to be surrounded by a lively mix of many squares in all colours. This first draft turned out to be the basis for the final design. The larger pieces were placed rather quickly but then I spent a lot of time arranging and rearranging the smaller squares, always looking for just the right tone or shade. A shade of brown was too yellow or too grey, another red was too bluish, another orange too bright and so on. People passing by were asked for their opinion or gave their advice freely. Children were refreshingly honest and I valued their input. Then the sewing began and the ripping. Completing the quilt took hours that turned into days and then into weeks. This task was like a motor that needed restarting every time it ran out of fuel.

My thanks go to Edda for her constant support and encouragement. Collaboration with the Luckenwalder patchworkers was refreshing as usual.

Ellen Walter
137 x 195 cm, 2001

Entdeckungen

Von Januar bis Juli 2001 entdeckte ich das Material „Wolle“, seine Farben und Muster und verborgenen Strukturen, die Wandelbarkeit von klassischen Blöcken und nicht zuletzt den Spaß an der Arbeit nach einem Jahr Abstinenz.

Discoveries

From January to July 2001 I discovered woollen materials, their colours and patterns and hidden structures, and the variability of traditional blocks and, last but not least, the joy of sewing after a year of abstinence.

Nadja Schock
150 x 211 cm
2001

Bärbels „Just Left Overs“

Für das Knieplaid habe ich nur die Wollreste von der Arbeit meiner Tochter Nadja vernäht – und ich hatte großes Vergnügen daran, dass schließlich nur eine Handvoll winzigster Schnipsel übrig blieb.

Bärbel's "Just Left-Overs"

For this knee plaid I used nothing but the wool fabric remnants from my daughter's work – and it made me feel real good when in the end I was left with just a handful of extremely tiny snippets.

Bärbel Schock
87 x 128 cm
2001

Ein Streifenexperiment
Susannes Gruseleckenquilt

Von Edda erhielt ich eine Tüte mit gelb, orange, grau und schwarz sortierten Wollstoffen, ohne Mustervorgabe für einen Quilt.
Nach erster Sichtung entschied ich mich dafür, da mir in den vorgegebenen Farben Kontraste und Spannung fehlten, lila Cordstoff einer Kinderhose meiner Tochter und blauen Wollstoff eines alten Wintermantels inklusive der Mantelknöpfe dazu zu kombinieren.
Ich wählte ein verändertes Krawattenmuster, indem ich klassische Komponenten mit moderner Farbgebung verband. So schuf ich meine ganz persönliche Fernsehdecke, die maschinengenäht und – gequiltet ist

Dieser Quilt eignet sich hervorragend zum Schauen von spannenden und gruseligen Filmen. Jetzt kann ich mich nicht nur unter meiner Decke verstecken, sondern auch an den von mir so benannten „Gruselecken" festhalten und so jeden Fernsehfilm unbeschadet überstehen.

Susanne's Creepy Corners Quilt

From Edda I received a bag full of woollen fabrics in yellow, orange, grey and black colours along with no design limitations.
After a first screening I decided to add some purple corduroy of my daughter's pants from childhood and a blue woollen cloth from an old winter coat including buttons to make up for the lack of contrast and excitement in the selection of materials.

For the design I used a transformed bow tie pattern, combining traditional shapes with modern colours. This way I created my very personal television quilt; it is both machine sewn and machine quilted.

The quilt is perfectly suitable for watching thrillers or horror movies. I can hide under my blanket and also hang on to what I call the "creepy corners" of my quilt – this way I can survive any movie on television unharmed!

Susanne Welz
110 x 140 cm
2000

Aylas Wollquilt

Ich fuhr zu Edda, um eine Tüte mit Äpfeln zu holen. Als ich nach Hause kam, hatte ich zwei Tüten.
In der zweiten Tüte waren Wollstoffreste.
Ich wollte keinen Wollquilt nähen.
Ich wollte überhaupt nicht nähen.

Ich ging spazieren.
Die Sonne schickte mattgelbe Strahlen durch das Herbstlaub.
Ich überlegte, wie man daraus Quiltblöcke machen könnte.

Aber warum sollte ich?
Ich fand einen Grund.

Die „PLAISIERS D'AUTOMNE" werden bei meinen französischen Freunden in den Cévennen auf einem Stuhl vor dem Kamin liegen.

Ich danke Edda und dem wunderschönen Herbst 1999.

Ayla's Wool Quilt

I drove to Edda's house to pick up a bag of apples.
I came home with two bags.
The second bag contained remnants of woollen fabrics.
I did not want to sew a wool quilt.
I did not feel like sewing at all.

I went for a walk.
Pale sun light was streaming through autumn leaves.
I wondered how to incorporate this sight into a quilt design.

But why should I?
I found a reason.

The "PLAISIERS D'AUTOMNE" will lie on a chair in front of the fire place at my French friends' home in the Cévennes.

Thank you to Edda and to the beautiful fall of 1999.

Ayla Albert
125 x 170 cm
1999

Elkes Wollquilt

Gedanken bei der Herstellung eines Wollquilts.

Wolle, Wollreste, Proben aus einer Musterkollektion, ein unmodischer einst gern getragener Rock. Eine ganze Kiste voll steht vor mir. Alle Farben und alle Qualitäten, weiches kuscheliges Material, festgewebte Kammgarnstoffe, rauher Tweed. Ich greife hinein, lasse meine Finger die Oberflächen fühlen.
Eine Idee nimmt Gestalt an. Plastische Wirkungen möchte ich erzielen. Die Illusion von Räumlichkeit.

Ich wähle Stoffe aus. Braune Töne in allen Schattierungen, zartes Beige, Cremeweiß, Grau.

Dann zeichne ich, Stufen, eine Treppe, setze Formen zusammen, finde eine Grundform, schwer zu nähen, aber das weiche Material fügt sich mir.

Dann liegen sie vor mir, 46 Rhomben sind es zunächst nur, aber als ich sie zusammenlege, immer wieder die Farbfolge ordnend, entsteht unter meinen Händen die Treppe, so wie ich sie mir vorgestellt hatte.

Noch ein Farbkontrast, ein Rand, und während ich Top, Einlage und Futter quilte, gehe ich in Gedanken spazieren auf den vielfarbigen Stufen, kreuz und quer, rauf und runter, wie es mir gefällt.

Und ein Gedicht von Herrmann Hesse fällt mir ein, das „Stufen“ heißt, und vom Lebensweg und seinen hellen und dunklen Stufen handelt, auf denen wir nicht verweilen können.

Elke's Wool Quilt

Thoughts during the making of a wool quilt.

Tweeds, wool scraps, swatches from a collection of textile samplers, a skirt well-worn and out-of-fashion. There is a whole box of this in front of me. All sorts of colours and structures, soft and pliable materials, tightly woven worsteds, rough tweeds. My hand dips into the box, my fingers feel the surfaces. An idea is forming in my head. I want to achieve a three-dimensional effect, the illusion of space.

I select fabrics. Lots of shades of brown, delicate beige, crème, grey.

Then I start drawing, steps, a staircase, putting together shapes, finding a basic pattern, difficult to sew but the soft material complies.

And here they are, just 46 diamonds at first. By putting them together in a certain colour sequence a staircase is growing under my hands, just as I had envisaged.

Another contrast of colour, and a border. While quilting, my thoughts are walking the colourful steps horizontally or vertically, just as I please.

A poem by Hermann Hesse called "steps" comes to mind; it is about life and its light and dark steps, at which we cannot linger.

Elke von Nieding
96 x 150 cm
2000

Fliesenmuster – Tiles

Edda Gehrmann
125 x 175 cm
2001

Anne-Maries Parkettquilt – Anne-Marie's Parquet Pattern Quilt

Anne-Marie Raabe
100 x 100 cm
2000

Winfrieds Quilt

Im Dachstübchen unseres Ferienhauses in Åland, Finnland, stand ein alter Webstuhl. Daneben standen große Kisten mit alten Kleidungsstücken. Einige waren schon in endlose Streifen geschnitten und in Riesenknäuel aufgewickelt zum Verweben. Aber es webte keiner mehr.

Ich durfte mir aus den Kleidern, Röcken und Blusen heraussuchen, was ich zum Patchen für verwertbar hielt. Damals, Anfang der 90er entstand bei mir der Gedanke an einen Wollquilt. Aber es bedurfte Eddas Initiative, meinen langgehegten Gedanken zu verwirklichen.

Jetzt ziert der rote Wollrock aus Åland (wer mag ihn wohl getragen haben?) die Mitte meiner Blöcke. Das Oktaeder wird mit Dreiecken von meinen Wollkleiderresten und Wollstoffproben aus Eddas Tüten umrandet.

Als mein Mann eine alte Hose von sich darin entdeckte, beschloss er, dass dieser Quilt nun ihm gehöre.

Winfried's Quilt

At our holiday cabin in Åland, Finland, I discovered an old loom in the attic. Several large boxes full of pieces of used clothing sat right next to it, with some garments already cut into endless strips and gathered into giant balls for weaving. However, there was nobody there any more to do the weaving.

I got permission to take as much as I liked from the boxes of dresses, skirts and blouses, to use in my patchwork. Already at that time, in the early nineties, I played with the idea of making a wool quilt. But in the end it took Edda's initiative to get me started.

The red woollen skirt from Åland (who might have been the owner?) now serves as the centre piece in my quilt blocks. The octagon is surrounded by triangles from fabric out of my own supplies of used clothing and from Edda's bags of woollen fabric samples.

When my husband recognized the material of an old pair of pants of his in the quilt he decided – this quilt belongs to him.

Kira Saeger
147 x 115 cm
2001

Mauerwerk

Eine Abbildung einer alten Backsteinmauer inspirierte mich zu diesem Quilt.

Die Licht- und Schattenwirkung im Mauerwerk des alten Potsdamer Gaswerks war so ungewöhnlich, dass mir gleich der Gedanke kam, dies mit dem Log Cabin Muster in Stoff umzusetzen. Die passenden Wollstoffe dafür in weiß, grau, schwarz und rot waren schnell in Eddas „Wundertüten" gefunden.

Jetzt ist die Decke fertig, die Mauer aber, Vorbild und Inspiration, soll Ende 2001 abgerissen worden sein. Heute existiert sie nur noch in meiner Erinnerung und in dieser veränderten, stofflichen Form.

Brickwork

A picture of an old brick wall inspired me to make this quilt.

An unusual play of light and dark in the brick wall of the old Potsdam gasworks instantly made me think of translating this effect into a quilt with the Log Cabin pattern. Suitable supplies of white, grey, black and red wool fabrics were easily found in Edda's "magic bags".

Now the quilt is finished but the wall, which served as model and inspiration, is reported to have been torn down by the end of 2001. Today it only exists in my memory and in this transformed textile form.

Ruth Pydde
124 x 193 cm
2002

Eddas Wollquilt

Kindheit und Jugend verbrachte ich nach dem Krieg in Norddeutschland. Diese Landschaft mit ihrer Weite, ihren grünen Wiesen, Weiden und Deichen und dem Blau des Himmels in all seinen Schattierungen – sie prägte mein Farbempfinden. Meine Lieblingsfarben sind deshalb Blau und Grün vom Hellen bis ins Dunkel einschließlich graublau und graugrün. So wählte ich auch diese Farben für meinen Woll-Scrap-Quilt. Sich kreuzende Wellenlinien gequiltet symbolisieren das Wasser der Elbe.

Mehr als fünfzig größere Quilts habe ich zumeist für Familie, Freunde und Bekannte erarbeitet. Dieser Quilt ist mein erster ausschließlich für mich. Unter ihm liege ich, mit ihm höre ich Musik, träume zuweilen, lese, bete auch und kann mich ausruhen.

Edda's Wool Quilt

After the war I grew up in northern Germany. The wide expanse of this landscape with its green fields, pastures and dikes and the sky in all variations of shades of blue formed my sense of colour. My favourite hues therefore are blue and green, from light to dark, including grey blue and grey green. Those are the colours I chose for my wool scrap quilt. Intersecting wavy quilting lines symbolize the waters of the river Elbe.

After making more than fifty large quilts for family and friends and acquaintances, this quilt is the first one I made exclusively for myself. Under this blanket I rest, with it I listen to music, sometimes I dream, read, even pray and find peace.

Edda Gehrmann
120 x 175 cm
2000

Streifenwolldecke

Eigentlich hatte ich nie die Absicht, einen Quilt aus Wollstoffen zu nähen; diese dicken Stoffe, oft auch noch dunkle Farben; nein!
Und plötzlich wurde ich vom Virus Wolldecke infiziert. Farbenprächtige Wollcoupons, kleine Wollstücke, Wollstoffreste verschiedenster Stärken und Größen fühlte ich in meinen Händen. Edda hatte wahre Schätze von Wollstoffen. Drei Plastiksäcke für drei eifrige Patchworkerinnen füllte sie mit den herrlichen Stoffstückchen und übergab sie uns. „Macht was aus den Resten!"
Nach gründlicher Sichtung der „Schätze" in Form von Wollstoffen entschloss ich mich, einen Quilt mit Streifen zu arbeiten. Um recht wenig Abfall zu schneiden, habe ich die Reste nach Farben und Stofflängen sortiert und entschied mich für vier Stofflängen. Ich legte die Stoffe nach einer Farbfolge in fünf Reihen untereinander. Aber es gefiel mir noch nicht, es sah sehr unruhig aus. Alle Stoffstreifen schnitt ich jetzt auf eine einheitliche Breite. Das Ergebnis war gut, denn es sah viel ruhiger aus. Nun arbeitete ich noch an den Farbfolgen. Meine gleichmäßigen Farbübergänge – Ton in Ton – langweilig! Also lockerte ich die Farbreihen auf, brachte dadurch Kontraste in die Wolldecke. Viele Stoffstreifen habe ich unzählige Male hin und her gelegt, sie aus der Arbeit genommen, weil ich dachte, der Streifen passt nirgends hin, aber letztendlich hat jeder Streifen seinen Platz gefunden.
Da ich von manchen Farben nur ganz wenige Stoffe hatte, habe ich aus Eddas „Restesack" kleine Quadrate zu Reihen genäht. Diese kleinen Quadratstückchen sind im Quilt sehr wichtig geworden. Sie vermitteln Leichtigkeit.
Beim Zusammennähen der Stoffstreifen mit der Nähmaschine gab diese dann den Geist auf. Die vielen feinen Wollfussel waren wohl zuviel für mein gutes Stück. Gründlich gereinigt, generalüberholt, habe ich die Wolldecke mit Maschine gequiltet. Wie man sich denken kann, war das ein aufwendiger Akt, die große Decke unter die kleine Nähmaschinennadel zu schieben.
Sehr wichtig war das kritische Betrachten meiner Arbeit von meinen Mitstreiterinnen während der Arbeit. Wir gaben uns untereinander viele gute Ratschläge und Hinweise, freuten uns, wenn eine Stelle in der Arbeit besonders gut gelungen war, oder tauschten Stoffrestchen aus.
Die Arbeit an der Wolldecke hat sehr viel Freude bereitet. Die ganze Palette des Gefühlslebens während der kreativen Arbeit habe ich wie immer durchlebt. Vom Zweifel: „aus diesen Stoffen wird wohl doch nichts werden" bis zur großen Freude – „ja, jetzt hast Du es".
Inzwischen nähe ich an meiner zweiten Wolldecke.

Striped Woollen Blanket

I never intended to sew a wool quilt – all those thick fabrics in often very dark colours – no!

But suddenly I caught the wool quilt bug. My hands were playing with colourful woollen swatches, tiny scraps and pieces in all variations of thickness and size – Edda had a real treasure of woollen materials. She filled three plastic bags for three eager quilters, and told us to go and make something out of it.
After thoroughly investigating our woollen treasure, I decided to make a strip pieced quilt. In order to avoid too much cut-off I sorted the pieces according to colour and size. I chose four lengths to work with, laying out the pieces in five rows in colour sequence. The result looked unpleasantly choppy, so I cut the pieces down to one width. This improved matters. Now I concentrated on colour. My careful step by step shading looked boring, so I disrupted the orderly sequence and introduced contrasting colours. Some strips were placed and replaced many times before they found the right spot.

Since there was not enough material for some colours, I joined lots of tiny squares from Edda's scrap bag. These "chains" turned out to be very important since they add lightness to the design.

While sewing the strips together, my sewing machine died on me. All that very fine wool lint was probably too much for it. After a general overhaul and a good cleaning, I even managed to do the quilting by machine. As you might know, it takes a lot to push the large quilt under the small sewing machine.
During the making of the quilt I welcomed all my co-workers' critical support. We helped one another with swapped fabric snippets and good advice and rejoiced in successfully solved design problems.

I thoroughly enjoyed creating this quilt and in its course experienced the complete emotional scale from "this will never work" to "yes, that's it!".

I am now working on my second wool quilt.

Regina Julemann
160 x 220 cm
2001

Feuerwerk – Fireworks
Marion Schich
130 x 130 cm

Meine Farben – My Colours
Marion Schich
152 x 217 cm

Ruths Wollquilt

Eines Tages erhielt ich einen Anruf von Edda mit der Bitte, ich solle doch auch an dem Wollquiltprojekt teilnehmen, es wäre eine Herausforderung, die ich bewältigen könne.

Ich stimmte zu und erhielt beim Jour-fixe-Treffen einen großen Beutel mit allerlei Wollstoffen. Daheim angekommen überraschte mich der Inhalt des Beutels sehr: Es gab dicke und dünne, leichte und schwere, kratzige und weiche Wollstoffe oder Wollmischgewebe, außerdem waren die Coupons von geringer Größe.

Ich überlegte nicht lange und fing sofort an zu sortieren. Alles was sich hart und unangenehm anfühlte, legte ich zur Seite. Dabei kam mir die Idee, die Stoffstücke auf eine Breite zu schneiden, die Länge ergab sich aus dem Vorhandenen.

Als alles zugeschnitten war, warf ich die Teile auf einen Haufen, mischte und mischte, warf sie in die Luft, mischte wieder, setzte mich an die Maschine und nähte Stück für Stück ohne auf Farben zu achten, in Streifen von ca. 1,80 m Länge.

Als alle Längen fertig waren, nähte ich sie aneinander – Nach zwei Tagen war mein Top fertig. Das Ausbügeln der Nähte war besonders schwierig oder erfolglos.

Es sollte eine Decke zum Wärmen sein. Ein Vlies wollte ich nicht dazwischennähen. Ich kaufte ein elastisches Fleecematerial, aus welchem man Westen oder Sweatshirts herstellt und habe so eine wärmende weiche Unterseite zum Zudecken. Eine Baumwollborte ringsherum angenäht, fusselfrei und angenehm für die Haut, und fertig war mein Wollquilt.

Übrigens: gequiltet ist er nicht, dafür an einigen Stellen verknotet.

Ruth's Wool Quilt

One day Edda called and tried to talk me into joining the wool quilt project; she thought I would like the challenge and was sure I could do it.

In the end I agreed, and at the next monthly meeting of the Berlin-Brandenburg patchwork group I received a big plastic bag filled with all sorts of woollen fabrics. Unpacking it at home I was really surprised: there were very thin and very thick, light and heavyweight, scratchy and smooth pure woollen and mixed textile coupons in very small sizes.

I didn't stop to think but immediately started to sort out those pieces that felt scratchy or hard. All the others I cut down to one width, the length was dictated by the size of the small samples.

Having cut all the pieces to size, I threw them all into a pile, mixed real well, threw them up in the air and mixed them some more and finally sat down at the sewing machine and pieced them, regardless of colour, into 1.80 m long strips.

Then I joined the strips, and after two days my top was finished. Ironing the seams flat turned out to be very difficult or impossible.

It was supposed to be a warming quilt, but I didn't want to add batting. So I went and bought fleece material, which is normally used for vests and sweatshirts, and this serves well as a warming, smooth and comfortable backing. The addition of a lint-free and smooth cotton border finished my wool quilt.

By the way: it is not quilted but tied.

Ruth Cheminel
142 x 180 cm
2000

Ruths russischer Quilt

Eine Woll-Patchwork-Decke benötigte ich eigentlich gar nicht. Aber auf die Bitte von Edda, an dieser Publikation mitzuarbeiten, konnte ich nicht abschlägig reagieren. Und so geschah es: entsprechend der vorrätigen Stoffteile, wurden zueinander passende Farbnuancen ausgesucht. Da waren recht viele kleine Stoffpröbchen, groß- und kleinkariert, gestreift und wenige einfarbige in unterschiedlicher Qualität. Ja, was nun mit dieser verwirrenden Vielfalt beginnen. Die beste Lösung schien mir die der russischen Landfrauen zu sein, von denen ich in der Zeitschrift „Die Sowjetfrau" gelesen hatte: Sie hatten ganz locker aus den ihnen zur Verfügung stehenden Stoffresten praktische Gebrauchstextilien herzustellen verstanden.

Mit der „Blockhaus" Methode war es möglich, die kleinsten Stoffteile gestalterisch einzusetzen und zu einer harmonischen Gesamtkonzeption zu vollenden. Auf diese Weise konnte eine interessante, unübliche Patchworkarbeit entstehen, die in unserem Wohnalltag eine ganz praktische Anwendung gefunden hat und was nicht unbedeutend ist, von der Familie als gelungen beurteilt wird.

Ruth's Russian Wool Quilt

I didn't really need a wool quilt. But when Edda asked me to join in the wool quilt project I could not refuse. So out of the bags of accumulated fabric samples I chose pieces in coordinated colours. There were a lot of tiny samples, some large or small scale checks, stripes and a few solids of varying quality. Well, what was I to do with this confusing diversity? In the end I thought it best to follow the example of those Russian farm women I had read about in the journal "Die Sowjetfrau": They knew how to easily turn the few scraps of fabric they had into usable textile products.

The log cabin technique allowed to creatively use and place the tiniest pieces in the design and achieve a harmonious balance. In this manner an interesting and unusual patchwork design was created, which has found its place in our daily life at home and, quite importantly, my family thinks turned out well.

Ruth Pydde
90 x 185 cm
2000

Regentropfen im Rosengarten – Raindrops and Roses

Ingrid Ratei-Damm
86 x 135 cm
2001

Wenn Licht durchs Kirchenfenster fällt – Light Falling Trough A Church Window
(in Feldberg, Mecklenburgische Seenplatte)

Rosita Jux
137 x 164 cm
2001

Mien Mann sien Wull-Huus

Einen Woll-Quilt nähen? Zeit hatte ich keine. Stoffe fehlten mir auch.

Die Vorstellung jedoch, einen Quilt aus Wollstoffen zu nähen, setzte sich fest und verband sich bald mit Bildern. Die Papierbögen mit Entwürfen für Muster – abstrakt und traditionell – wurden zahlreicher und die Wünsche nach bestimmten Farben konkreter. Eine gewisse Anspannung stellte sich ein.

Der erste Blick dann in scheinbar unerschöpfliche Tüten mit Musterstoffen forderte ganz neue Überlegungen. Die Maße der meist dunklen Materialproben, zu denen viele Streifen gehörten, ließen kein verschwenderisches Schneiden zu. Ich ließ mich auf diese Vorgaben aus dem Inhalt der Stofftüten ein. Die intensive Suche nach einer Anordnung zur Fläche enthüllte dann den farblichen Reichtum und die Vielfalt der gewebten und gewirkten Wollstoffe. Gewebe mit klaren graphischen Strukturen fand seinen Platz neben dem gröberen, genoppten Tweed aus meist zweifarbigem Garn, das Mehrfachkaro vom Glencheck neben dichten oder lockeren Webarten aus dünnen oder dicken Garnen und robusten, filzartigen Oberflächen. Garne mit Schlingen und Schlaufen geben dem Gewebe einen überraschend reizvollen und leichten Charakter. Dieses aufregende Spiel kam meiner Vorliebe für scrap-quilts sehr entgegen.

Um notwendige highlights setzen zu können und dem graphischen Muster ein wenig die Strenge zu nehmen, stöberte ich in m e i n e n Tüten mit Stoffresten. Hier entdeckte ich die Überbleibsel jenes Wollstoffes, den ich für den 1. Dezember zu meinem Hochzeitskleid vernähte. Vor 34 Jahren. Ein Wollstück aus einem lang getragenen Jackett meines Mannes habe ich nicht vergessen diesem Quilt hinzuzufügen.

My Husband's Wool Quilt

Sew a wool quilt? I didn't have time. Nor did I have woollen fabrics.

But slowly the idea of making a wool quilt took hold and images started to come up. Paper drafts for patterns and designs – abstract and traditional – accumulated and my preference for certain colours grew. Tension was mounting.

However, a first glance into the seemingly inexhaustible bags of woollen scraps demanded a new approach. The size of the mostly rather dark pieces of material prohibited any extravagant cutting. So I let the given limitations of the bag's contents be my guide. The intensive search for a fitting arrangement revealed an abundance of colour and textural variations in the woven, knit and felted materials. Fabrics with simple geometric structures found a place next to coarse and burled tweeds, often made with two-coloured yarns, the multi-chequered Glencheck next to other dense or loose weaves of coarse or fine yarns and sturdy, felted surfaces. Yarns with burls and loops can add a special light-hearted charm to the material. This exciting play of textures fit in well with my love for scrap quilts.

Wanting to add a few necessary highlights and to break up the strict geometric pattern I rummaged through my own supplies of woollen materials. And here I discovered remnants of a fabric I had sewn my wedding dress from, 34 years ago. And I didn't forget to add a piece of a well-worn jacket of my husband into this quilt.

Elke Böttcher
156 x 158 cm
2002

Roses Bridge-und-Patch Quilt

Was führt Bridge und Patch zusammen? Gemein haben sie wenig bis auf die Einsilbigkeit. Nun werden beide verknüpft:

Eine sachkundige Freundin wollte mit der Schere vierzehn neue grüne Tisch-Filzdecken für ihren Bridgeclub schneiden. Zögerlich nahm sie meinen Vorschlag an, die Sache doch viel schneller und vor allem exakter mit Matte und Rollercutter zu tätigen und war im Nu begeistert von dieser ihr noch unbekannten Methode. Sie schnitt wie ein Weltmeister. Ich sammelte vom Fußboden die Abschnitte, und das war der Anfang der Kniedecke, dazu Monikas Wollmuster und Eddas bunte Wollreste. So konnte ich hier den Idealgedanken verwirklichen: Zurück zu den Ursprüngen und Patchwork aus Vorhandenem arbeiten.

„Bridge and Patch – a perfect match"

Bridge and Patch – A Perfect Match

What could bring together bridge and patch? They don't have much in common besides being one syllable words. Now they are being linked:

A friend was planning to cut 14 new table cloths from green felt for her bridge club. Hesitantly she followed my advice and started cutting the cloth with a rotary cutter on a cutting mat and was instantly enraptured by this new method. She was cutting like a champion, and I was collecting the cut-offs from the floor. That was the beginning of the lap quilt, combined with Monika's pattern and Edda's colourful wool remnants. This time I was able to realize the ideal: back to the origins, making a quilt out of true remnants.

Rose Lindlar
116 x 156 cm
2002

Ruths Berghütten-Quilt

Es bereitet mir ein großes Vergnügen, in Stoffresten aus guten Materialien zu wühlen, und es ist ermutigend, wenn Edda den Anstoß gibt, einen Wollquilt daraus zu fertigen.

Um die relativ großen Stoffteile nicht unnütz zu zerschneiden, habe ich diese auf dem Fußboden gruppiert und mit dazu passenden Stoffen farbig eine harmonische Gestaltung entworfen. Die dicken Mantelstoffe musste ich Schnittkante an Schnittkante zusammenfügen, was nähtechnisch eine interessante Variante ergab. Die dünneren Wollstoffe habe ich doppelt verarbeitet.

Im Endergebnis denke ich an steinige Berghänge, Almwiesen, Bäume, Wanderwege und wärmende Almhütten. Das dunkle Material könnte auf Höhlen und Feldspalten hinweisen.

Das Quilten der dicken Wollstoffe hat Mühe aber auch Spaß gemacht. So bin ich letztlich rund um mit meiner Arbeit zufrieden. Mir fehlt nur die Hütte in den Bergen dazu.

Ruth's Cabin Quilt

I really like letting my hands run through pieces of good quality fabric, and then Edda encouraged me to sew a wool quilt out of the bags of remnants.

I didn't want to cut up the relatively large pieces without reason, so I placed them all on the floor and worked out a colourful and harmonious design from there. Very thick coat woollens I joined with abutting edges, which made for an interesting technical variation in my sewing. Extremely thin wool fabrics were sewn with double thickness.

The finished quilt reminds me of mountain slopes, alpine pastures, trees, hiking trails and sheltering cabins. Darker materials might stand for caves or rocky gorges.

Quilting the thick woollen materials was hard work and a pleasure at the same time. All in all I am quite happy with my work. It is just the cabin in the mountains that is missing for the quilt.

Ruth Pydde
126 x 166 cm
2001

Ein Geschenk für Chrilla – A gift to Chrilla

Edda Gehrmann
139 x 177 cm
2001

Knieplaid

Edda Gehrmann
83 x 107 cm
2001

Sommergarten

Vor Beginn der Näharbeit muß im Kopf Klarheit sein, wohin der Weg führen soll.

In welcher Technik arbeite ich – freier Zuschnitt, freie Gestaltung – oder nähe ich exakte traditionelle Blöcke. All das sind Fragen, die ich mir stelle.

Inspirationen für eine Patchworkarbeit nimmt man überall auf, ja manchmal sieht man nur mit ‚Patchworkaugen'. Ich fuhr auf einer Asphaltstraße, die stark ausgebessert war. Eine Patchworkstraße in Grautönen? Abends lief im Fernsehen eine Sendung über Tiere. Zebras tauchten auf, Streifentechnik ist auch nicht schlecht.

Beim Blättern in Patchworkzeitschriften und Büchern: „Ja, so mache ich es!"

Schon immer wollte ich mal ganz tief in den Farbtopf fassen. Angeregt von der faszinierenden Farbenwelt des Textilkünstlers Kaffe Fassett entstand diese Decke.

Meinen Teppich sehe ich als einen Sommergarten mit Studentenblumen in leuchtendem Orange, Malven und Dahlien in verschiedenem Rotblau, Glockenblumen, Lavendel, dazwischen immer wieder Grün.

Summer Garden

Before starting to sew one needs a clear head and some idea of what one is aiming at.

Which technique to use, free-hand cutting and designing, or sewing accurately and according to plan, following a traditional block design. These are the questions I am facing.

Inspirations for quilt designs can be found everywhere, sometimes one can only see with patchwork – eyes. I was driving on a heavily repaired asphalt road – patchwork in shades of grey? In the evening a television show on animals. There were zebras – working with striped fabrics is not a bad idea either.

Finally, while browsing through quilting magazines and books – "that's it!"

I had always wanted to try using very intense colours. Quilt artist Kaffe Fassett's fascinating world of colour finally inspired me to make this quilt.

It reminds me of a summer garden with bright orange marigold, dahlia and mallow in varied shades of red, blue bell and lavender, in a sea of green.

Regina Julemann
130 x 130 cm
2001

Lebenspfade – Paths of Life

Edda Gehrmann
139 x 177 cm
2001

Der sechste Schritt

Wollquilt im Zickzackmuster

Ganz anders als bei meinem vorherigen Wollquilt ging ich bei diesem Quilt sehr planmäßig vor und fertigte Musterskizzen an, die ich fotokopierte und mit unterschiedlichen Farbzusammenstellungen ausmalte, bevor ich mit dem Nähen anfing. Dieser Quilt war auf der „Quilt Art" Wanderausstellung „New Work" zu sehen. Oft wurde er an die Wand gehängt, aber mir gefiel er am besten, als jemand die gute Idee hatte, den Quilt locker auf eine wellige Unterlage zu drapieren, so dass er mich ein bisschen an einen gepflügten Acker erinnerte.

Mein Quilt wurde zuletzt im Januar 2000 in der Ausstellung des Berlin-Brandenburg Patchwork-Treffs im Rathaus Köpenick ausgestellt – wo er dann in der ersten Nacht gestohlen wurde. Obwohl er an der Wand hing, mit vier Schlaufen befestigt war und man eine Leiter zum Abnehmen brauchte...

Vielleicht begegnet er Ihnen eines Tages ganz zufällig?

Chevron Wool Quilt

In contrast to my previous wool quilt I went about this one in a very organized way. I made plans, which I photocopied so that I could colour in different possible colour schemes before starting to sew. This quilt went on tour with the Quilt Art exhibition "New Work", it was often hung on the wall, but I was really pleased when someone had the idea of displaying it lying down, but over some rolls, so that, for me, it took on some of the characteristics of a ploughed field.

It was last displayed in a "Berlin-Brandenburg Patchwork Treff" exhibition in Rathaus Köpenick in January 2000, from where it was stolen – although it was hanging on the wall, secured with 4 loops, and one would need a ladder to take it down.

So, if you should see it...

Bridget Ingram-Bartholomäus
163 x 210 cm
1994

Klaras Wollquilt

Es fing damit an, dass ich von einer Freundin Wollstoffreste bekam. Es waren große Stücke darunter, wunderschöne Farben, wunderschöne Qualitäten. Da mich die Quilts der Amish schon immer fasziniert hatten, ließ ich mich gerne, da ich nun das entsprechende Material hatte, von deren Mustern anregen. Was ich mir ganz einfach vorgestellt hatte, entpuppte sich als höchst schwieriger Prozess, nämlich mir das gewählte Muster so anzueignen, dass es mein eigenes wurde. Auch kam mir die Fülle an Stoffen nach und nach farblich zu begrenzt vor, es fiel mir schwer dies zu akzeptieren. Ich schnitt zu, nähte, trennte, plante neu, nähte wieder, verwarf wieder. Am Ende wickelte ich Stunden um Stunden Wolle zu Pompons. Warum, wozu?
Ich wollte es so.

Klara's Wool Quilt

It all started with the remnant wool fabrics a friend gave to me, among them some larger pieces as well, wonderful colours and wonderful, top quality materials. Amish quilts had always fascinated me, and as I now owned the right sort of material, I was happy to be inspired by their patterns. However, what I had imagined to be quite easy turned into a difficult process: turning one of their patterns into my own design. After a while I felt hampered by the limited colour selection of all the fabrics, which I found difficult to accept. I cut and sewed and ripped and changed plans and sewed and rejected again. For hours I sat wrapping wool making pompons. Why, what for?

It's what I wanted.

Klara Atalla
172 x 209 cm
1999

Ingrids Wollquilt

In den Monaten, als ich die Wollstoffe sah, war mir klar, dass daraus eine Decke entstehen musste.

Beim Nähen fühlte ich die Wärme auf meinen Knien und Erinnerungen wurden wach.

Winter 1944/45: Flucht aus dem Osten Richtung Westen –
Kälte, Hunger, Wolldecken.

Winter 1946/47 Kälte, Hunger, aus den Wolldecken wurden Mäntel genäht.

Danke all' denen, die uns die Wolldecken überlassen hatten.

Ingrid's Wool Quilt

During the months that I saw the wool fabrics, I knew I had to make a quilt out of them.

While sewing I felt the warmth on my knees and memories arose.

Winter 1944/45: coming as a refugee from the east to the west –
coldness, hunger, woollen blankets.

Winter 1946/47: coldness, hunger,
the woollen blankets
were sewn into coats.

Thank you to all those who gave us their blankets.

Ingrid Koslowski
150 x 198 cm
1996

Chanamlatlew

Von einem Freund bekam ich ein Paket ausrangierter Musterstoffe für Herrenanzüge, viele dunkle, wenig helle, auf jeden Fall eher triste Farbmuster in stark gebrochenen Tönen, etwas düster und eigentlich keine Freude für Auge und Gemüt im ersten Moment. Beim näheren Hinsehen wurden diese Wollstoffe plötzlich farbiger, hatten feine und höchst komplizierte Webmuster, darin verborgen überraschend durchaus leuchtend blaue, rote, violette, grüne, gelbe Fäden, die man nur ganz aus der Nähe ausmachen konnte und die, wenige Meter entfernt, schon wieder im düsteren Grau-Beige-Braun-Dunkel verschwanden.

Das faszinierte mich. Die Stoffe waren gar nicht trist. Das war eine Herausforderung. Es mußte doch möglich sein, eine Patchworkdecke daraus zu machen, die nicht langweilig, nicht düster und trist war, sondern wohltuend, angenehm, und die dem Betrachter und Benutzer einen freundlichen und abwechslungsreichen Augenspaziergang bot. Die gleichzeitig dem Material Rechnung trug: Wolle ist schön weich anzufassen, aber ein bißchen sperrig und widerspenstig bei der Verarbeitung. Das Muster durfte also nicht zu kompliziert sein.

Der Quilt entstand und brauchte einen Namen. Meine Töchter waren in der Phase, in der sie alle möglichen Wörter daraufhin prüften, wie sie sich von rückwärts läsen. So entstand Chanamlatlew – Weltalmanach. Das gefiel uns. Es klang sanft und ein bisschen rätselhaft, das passte zum Quilt, und dieser war, wie ein Almanach – ein Ganzes aus vielen verschiedenen Teilen, die zusammenpassten.

Chanamlatlew

A friend gave me a pile of discarded textile swatches for men's suits, many dark colours and only few lighter ones, rather dreary colours in muddy shades and at first glance really no joy for eye and soul. Looking closer however, the fabrics suddenly became quite colourful, showing fine and complicated weaving patterns and surprising hidden threads in clear blue, red, purple, green and yellow tones, which were only visible at very close distance, and would dissolve again at a few meters distance into the gloomy grey and brown shades.

This I found fascinating. The fabrics weren't dreary at all. What a challenge! It should be possible to create a quilt out of these fabrics that wouldn't look gloomy and dreary but pleasant and agreeable, inviting users' and viewers' eyes for friendly and lively walks around the quilt design and at the same time allowing for the special qualities of wool: it is lovely and soft to the touch but quite unruly and cumbersome to work with. The pattern should not be too complicated.

The quilt was done and needed a name. My daughters at that time were testing words on how they would sound read back to front. That is how "Chanamlatlew" – Weltalmanach (world almanac) came about. We liked that. It sounds mild and mysterious and fits the quilt, which is like an almanac – something whole made up of parts that go well together.

Ulrike Sprenger-Dadas
155 x 201 cm
1997

Einfach So

Die Tüten mit den verschiedenen Wollstoffproben waren schon lange fester Bestandteil in meinem Nähzimmer. Mir fiel nur leider nichts ein, was aus ihnen werden könnte. Das änderte sich erst, als ich die ersten Decken beim Berlin-Brandenburg-Treff sah.

Ich fing an, Quadrate zuzuschneiden und eine Fläche auszulegen. Die änderte sich ständig, immer beim Vorbeigehen wurden ein paar Quadrate hin und her geschoben, bis es mir reichte und alles „einfach so" zusammen nähte.

Es entstand eine robuste Decke, die ein fester Bestandteil in unserem Wohnzimmer geworden ist. Sie wird viel benutzt, eignet sich auch wunderbar zum „Bude bauen". Unsere kleinen Enkelkinder machen oft Gebrauch davon.

Rosita's Just-Like-That Quilt

The bags filled with woollen scraps had nearly become a fixture in my sewing room; I just had no idea of what to do with them. That changed when I saw the first results from the wool quilt project at the show-and-tell at our monthly meeting.

Now I started cutting squares and laid them out. For a while the arrangement was changing constantly, every time I passed I would move a few squares around. One day I had enough of this and sewed them together – "just-like-that".

The result was a sturdy blanket that has found its place in our living room. We use it a lot, and for our small grandchildren it makes a perfect "house".

Rosita Jux
142 x 185 cm
1997

Giselas Lese-Wollquilt

Nach getaner Arbeit sitzt mein Mann sehr häufig in seinem Lieblingssessel und liest. Da dieser Sessel mittlerweile schon etliche Jahre alt und demzufolge leicht verschmutzt ist – wir uns aber nicht von ihm trennen wollen – musste also ein Wollquilt her. Mir standen aber nur viele kleine einfarbige und karierte Wollstücke zur Verfügung. Ich wollte sie unbedingt verarbeiten!

Bemüht war ich, über die farbliche Gestaltung eine Wirkung zu erzielen. Die Randgestaltung erfolgte mit Baumwolle.

Am Ende hatte ich die Genugtuung, aus den mir zur Verfügung stehenden Wollresten einen Quilt für meinen Mann gestaltet zu haben.

Gisela's Reading Wool Quilt

After work my husband likes to relax in his favourite armchair with a good book. This chair is well used and not too clean any more, but we do not want to part with it, so I thought I should make a woollen quilt as a cover.

Alas, all I had were plenty of tiny scraps in solid colours and plaids. But I wanted to use them, by all means! So I tried to create a design by colour arrangement. As a border I used cotton material.

In the end I was satisfied to have made a quilt for my husband from the wool fabric scraps supplied.

Gisela Nickau
154 x 180 cm
2000

Josefs neuer Mantel

Ich arbeite gern mit Wollstoffen. Ich mag die weiche Wärme, die beim Berühren auf einen übergeht, und mag die Farben, die immer sanft sind, manchmal melancholisch, und die nie grell sind, selbst bei kräftigen Farbtönen.

Nach meinem Empfinden verlangen Wollstoffe schlichte Muster. Das Material sperrt sich, wenn man ihm Kompliziertes abverlangt. Ich wollte mit Rot arbeiten, vielen vielen Rot-Tönen, die dunkel sein und glühen sollten. Rot in Wolle ist gar nicht so leicht zu finden. Ich nahm auch Seide dazu, Baumwolle, auch um mit den unterschiedlich stumpfen oder glänzenden Oberflächen zu spielen.

Bei den Amish gibt es ein traditionelles ganz einfaches Muster, das – ganz ungewohnt – aus sehr farbigen, senkrechten Streifen besteht, fast wie im Regenbogen, und das in Anlehnung an den bunten Rock, den Jakob seinem Lieblingssohn Josef machen ließ, Josefs Mantel heißt. Streifen sollten es für meinen Quilt sein, um die Rot-Töne alle nebeneinander anordnen zu können, damit sie die Möglichkeit haben, sich gegenseitig zum Leuchten zu bringen, sich zu unterstützen, zu überlagern, durch die direkte Nachbarschaft ihre Kontraste zu betonen und gleichzeitig zu verwischen.

Zwei andere Farbwerte kamen – einer hell, einer dunkel – dazu und so entstand Josefs neuer Mantel. Nach so vielen Jahren, denke ich, mag Josef vielleicht sich doch mal einen gewünscht haben, der nicht ganz so bunt ist wie der Mantel seiner Jugend. Ich hoffe, er würde ihm gefallen.

Joseph's New Coat

I like working with woollen fabrics. I like the gentle warmth that is transferred while handling the material, and I like the colours that are always mellow, sometimes a bit melancholy and never garish, not even at high saturation.

In my opinion woollen fabrics need simple patterns; the material will not yield complicated designs. I wanted to work with red, with many dark and glowing shades of red. Red woollen fabrics are not that easy to find! I added silks and cottons, playing with the variation of dull and glossy surfaces.

The Amish have a very simple traditional pattern with colourful vertical stripes, just like a rainbow. It is called Joseph's coat, referring to the colourful coat Jacob gave to his beloved son Joseph. For my quilt I wanted to strip-piece all the different shades of red directly next to one another, letting them help one another to glow and to subdue, emphasizing and muting colour contrasts at the same time.

Two more colours were added, one dark and one light, and thus Joseph's new coat came to be. After all these years, I thought maybe Joseph would have liked to own a new coat a little less colourful than the one from his youth. I hope he would like it.

Ulrike Sprenger-Dadas
142 x 207 cm
1997

Kaminfeuer – Fireplace

Ulrike Sprenger – Dadas
143 x 143 cm
1996

Der siebente Schritt

Jemenitische Kleider

Dieser Quilt entstand nach den Vorbereitungen meiner Ausstellung, Kleider und Schmuck aus dem Jemen. Um auf die sehr unterschiedlichen, einfachen Schnitte der traditionellen Kleider aufmerksam zu machen, hatte ich für einen kleinen Katalog alle Kleider im Maßstab 1 : 20 gezeichnet und viele Fotos gemacht.

Bei dem Entwurf für den Quilt habe ich einige dieser alten Kleider-Schnitte, mit Andeutungen der vorhandenen Stick-Partien, in den entstehenden Wandbehang mit einfließen lassen. Bei der Farbwahl habe ich versucht, viele Farbtöne der jemenitischen Kleider zu übernehmen. Die verarbeiteten Stoffe sind überwiegend Herren-Anzugsstoffe mit unterschiedlichem Wollanteil, ergänzt mit Krawattenseide und aufgesetzten Litzen.

Yemenite Dresses

I made this quilt following preparations for an exhibit on dresses and ornaments from Yemen. In order to draw attention to the very varied but simple patterns of traditional Yemenite dresses, I had sketched the dresses at the scale of 1 : 20 for a small catalogue.

Designing the quilt I let a few of those ancient dress patterns slip in, embroidering the outlines onto the pieced top, and my colour choice was influenced by the colours of the Yemenite dresses. The materials used are mostly woollen fabrics for men's suiting in different blends, complete with tie silks and couched braiding.

Lenore Böcking-Döring
115 x 150 cm

Lis Samt – Li's Velvet

Ingrid Wieland
144 x 166 cm
2001

Nikolaushäuser – Santa Claus Houses

Vera Lietz
150 x 208 cm
2001

Fernseh-Wollquilt

Als es sich abzeichnete, dass meine Mutti aus gesundheitlichen Gründen nicht mehr allein leben konnte, mussten wir uns um eine Unterbringung in einem Seniorenheim kümmern.

Einen Teil ihrer Möbel einschließlich vieler Patchworkarbeiten konnte sie mitnehmen, und so kam ich auf die Idee, ihr einen "Fernsehquilt" zu nähen. Die häusliche Atmosphäre sollte so nah als möglich sein, und dieser Quilt gibt ihr auch in vielerlei Hinsicht Wärme – nicht nur beim Fernsehen.

Die vielen Wollreste bekam ich geschenkt. Lustig finde ich die kleinen Dreiecke, die auf der Decke „herumhüpfen". Hierfür verwendete ich Viskose-Baumwollreste; Baumwollstoff auch für den Rand.

Television Wool Quilt

When it turned out that my mother could no longer manage to live alone because of her failing health, we had to find room for her in a senior citizens' home.

She was able to take part of her furniture including several quilt projects, and that is when I had the idea to sew a "television quilt" for her. It was supposed to create the friendly atmosphere of home and provide her with more than just physical warmth – not only while watching television.

The many wool scraps were a gift. I like the small triangles "bouncing" on the quilt; they are made from small scraps of cotton/rayon blends, the border material is cotton.

Gisela Nickau
120 x 155 cm
1999

Juttas Wollquilt

Eddas Aktion in Wolle –
das war ein Tipp, ganz heiß,
allerdings blieb sie sitzen
auf Schwarz und auf Weiß.

Doch nicht nur nach Farben
Steht den Menschen der Sinn:
Schlicht black and white –
Das ist immer zeitlos und immer in!

Jutta's Wool Quilt

Edda's wool quilt project –
now there was a really hot tip,
however, she sadly was left with
just heaps of black and white fabric.

But colour is not everything
that mankind strives to win,
and quilts in simple black and white
can be so timeless and "in"!

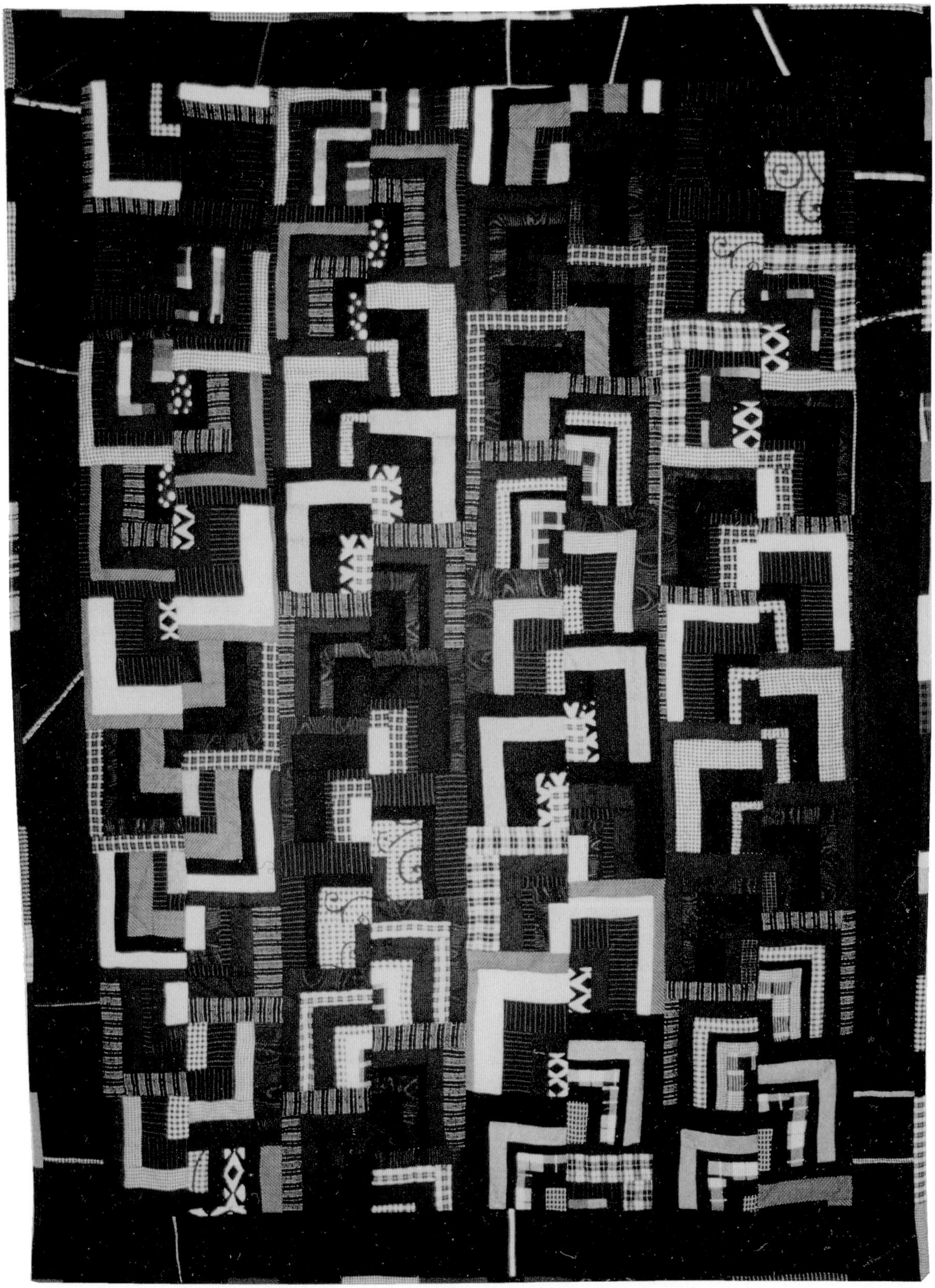

Jutta Icken
131 x 175 cm
2000

Sterne für Charlotte – Stars for Charlotte
In memoriam Charlotte Oberpichler

Ingrid Wieland
107 x 138 cm
2001

Anhang

Wolle und Wollstoffe

von Elke von Nieding

Bevor wir fertige Textilien in die Hand bekommen, haben sie in der Regel fünf Stufen im Herstellungsprozess durchlaufen:

- Aufbereitung des Rohstoffes (der Fasern)
- Verarbeitung der Fasern zu Garnen (spinnen)
- Verarbeitung der Garne zu Stoffen (weben, wirken)
- Veredelung als Nachbehandlung, um spezielle Eigenschaften zu erzielen
- Verarbeitung zu Gegenständen

Alle sind mehr oder weniger wichtig für Beschaffenheit und Verwendungszweck der Textilien. Aber die Stufen und die mit ihnen verbundenen sehr komplexen Arbeitsgänge im einzelnen darzustellen, würde den Rahmen dieses Buches sprengen. Beschränken wir uns also auf einige grundsätzliche Ausführungen.

Am Anfang stehen die Fasern

1. Eigenschaften

Jede Faser hat ihre besonderen Eigenschaften und Möglichkeiten. Wir unterscheiden zwischen natürlichen und synthetischen Fasern. Wolle ist eine Naturfaser aus Tierhaaren und ähnelt vom Aufbau her menschlichem Haar. Beide sind Eiweißfasern und lassen sich durch die Brennprobe nachweisen (Geruch nach verbrannter Milch). Die Wollfaser ist von einer Schuppenschicht umgeben. Diese trägt u.a. zum Filzen der Wolle bei. Unter Einwirkung von Feuchtigkeit, Wärme und Druck verhaken sich die Schuppen und verfestigen sich miteinander.

Ein wesentlicher Vorzug der Wolle liegt in ihrer Elastizität, die fast unbegrenzte Gestaltungsmöglichkeiten bietet. Wir schätzen auch ihre Fähigkeit, Luft zwischen den gekräuselten, bauschigen Fasern zu halten und dadurch zu wärmen.

2. Wollarten

Wolle ist nicht gleich Wolle. Früheste Nachrichten über die Verarbeitung von Tierhaaren kommen aus dem alten Babylon. Seither ist das Feld der spinnfähigen Haare weit gefächert, es umfasst: Schafe, Schafkamele (Alpaka, Guanako, Lama, Vikunja), Kamele, Angorakaninchen, Kaschmirziegen.

Wool and Wool Fabrics

By Elke von Nieding

As a rule there are five processing stages from raw fibre to finished textile product:

- Preparation of the raw material (fibres)
- Processing fibre to yarn (spinning)
- Processing yarn into fabric (weaving, knitting)
- Refining fabric for special effects
- Processing fabrics into textile products (e. g. garments)

All of them have significant impact on the properties and intended use of the textile material. However, describing every production step in detail would lead too far. In this essay we will only discuss the main principles.

Fibres, the fundamental unit of all textiles

1. Properties

Every fibre has its special properties and possibilities. There are natural and synthetic fibres. Wool is a natural fibre from animals' hair and similar in structure to human hair. Both are protein fibres that can be identified with the burning test (smell of burnt milk). Wool fibres are coated with a layer of scales; this plays an active part in the felting of wool. Under pressure in the presence of heat and moisture the scales will interlock and consolidate in this state.

An essential advantage of wool is its elasticity, offering nearly unlimited design possibilities. And its capacity to incorporate air between the crimped fibres provides wool with its much appreciated warming property.

2. Types of Wool

There are many species of wool fibres. Early records about working animals' hair come from historic Babylon. Since then man has employed many different animals' hair fibres: From sheep; alpaca, llama, guanaco and vicuña (South American camel family), camel, Angora rabbit, Angora goat, Cashmere goat.

Im allgemeinen Sprachgebrauch wird Wolle mit **Schafwolle** gleichgesetzt. Schafe leben in verschiedenen Rassen über die ganze Erde verbreitet. Als Haustiere waren Schafe ein Zeichen von Reichtum und Macht. Die bei uns heimischen Landschafe liefern mittelfeine bis gröbere Wollen, die von unseren Vorfahren seit der Bronze- und Eisenzeit zu Stoffen verarbeitet wurden.
In Spanien hatte im 8. Jahrhundert die Zucht von Merinoschafen begonnen, ihre feine Wolle wurde bald überall begehrt. Die Spanier verboten bei Todesstrafe die Ausfuhr lebender Merinoschafe und sicherten sich dadurch ihre Vorrangstellung als Produzenten feinster Wolle über Jahrhunderte. Heute sind die bedeutendsten Wollexportländer: Australien, Neuseeland und Argentinien.

Unabhängig vom Herkunftsland unterscheidet der Handel die Wollsorten nach Feinheit, Kräuselung und Stapellänge. Unter Stapellänge versteht man die Länge der gekräuselten Faser.

Merinowolle ist fein, stark gekräuselt und kurz – Stapellänge 2 – 10 cm. Sie zeichnet sich durch einen sehr weichen Griff aus.
Crossbredwolle ist dicker, weniger gekräuselt und länger als Merinowolle – Stapellänge 10 – 20 cm. Für Bekleidung verwendet man nur Merino- oder Crossbredwolle; letztere wird am meisten verarbeitet.
Cheviotwolle ist dick, wenig gekräuselt und lang – Stapellänge 20 –50 cm. Sie wird hauptsächlich als Teppichwolle verwendet.

Vom Haarkleid der Kamele wird nur das feine, weiche Grundhaar als **„Kamelhaar"** gewonnen und nicht das gröbere glatte Grannenhaar. Die Fasern sind etwa 10 cm lang und stark gekräuselt. Beim Haarwechsel löst sich das Grundhaar, wird ausgekämmt und gesammelt. Kamelhaar wärmt sehr gut und ist wunderbar weich. Es ist allerdings nicht strapazierfähig, daher sind Kamelhaarstoffe sehr empfindlich.

Kaschmir (auch Cashmere geschrieben) gehört zu den kostbarsten, feinsten Textilfasern. Es stammt von Kaschmirziegen aus dem Himalaja. Ähnlich wie das Kamelhaar wird es als Grundhaar ausgekämmt. Doch es übertrifft das Kamelhaar an Feinheit und Glanz.

Mohair gewinnt man von Angoraziegen. Um Verwechslungen mit Angorahaar von Kaninchen

The word wool is synonymous with **sheep's wool**. Different species of sheep can be found all over the world. Domesticated sheep once were a sign of wealth and power. The wool fibre from German species of sheep is medium fine to coarse, and our ancestors have produced cloth from it since the Bronze- and Iron-Ages.

In the 8th century AD the Spanish started breeding merino sheep, and this fine wool was very quickly much in demand. Exporting living merino sheep was forbidden on penalty of death and for centuries Spain was the principal exporter of fine wool. Today the most important wool exporting countries are Australia, New Zealand and Argentina.

Independently from its country of origin, on the market wool is classified by fibre diameter (fine/coarse fibres), crimb and staple length (length of crimped fibre).

Merino wool is a fine fibre with many crimps per inch and of short staple length (2 – 10 cm); it feels very soft.
Crossbred-wool fibres are thicker, less crimped and longer than merino wool (10 – 20 cm). Garments are made exclusively from merino or crossbred wool, the latter being used most often.

Cheviot wool fibres are thick with little crimp and very long (20 – 50 cm); they are mainly used for carpet wool.

Of all the **camel's hair** only the soft and fine undercoat is used, not the coarser and smooth outer hair. The fibres are about 10 cm long and highly crimped. During the molting season the fine fibres are collected by combing the animal. Camel's hair gives warmth without weight and feels very soft and delicate, however, it is not very durable.

Cashmere is one of the finest and most precious textile fibres. It comes from small goats raised in the Himalayas. The fibre is combed from the goat's hair in a similar manner to camel's hair which it surpasses in fineness and lustre.

Mohair is the fibre of the Angora goat. In order to prevent misunderstandings one should use the

zu vermeiden, benutzt man den englischen Begriff Mohair. Mohair besitzt eine glänzende Oberfläche, ist glatt und weich. Es wird vorwiegend in Mischung mit Wolle verarbeitet. Die Angoraziege stammt aus der Türkei, wird aber auch in anderen Ländern gezüchtet, z. B. in den USA. Zur Gewinnung des Mohair wird die Ziege geschoren wie ein Schaf.

Kaninchenhaar Angora ist ganz besonders leicht und fein. Es neigt dazu, sich elektrostatisch aufzuladen. Dadurch spreizen sich die Fasern voneinander ab und schaffen so ein Luftpolster zwischen sich, das sehr gut Wärme hält. Das Angorakaninchen wird auch in Deutschland gezüchtet. Es kann als kleines Tier verhältnismäßig viel Haar hervorbringen (300 bis 500 g pro Jahr).

3. Gewinnung der Wollfasern

Durch Scheren des Tierkörpers erhält man ein zusammenhängendes Vlies. Geschoren wird ein- bis zweimal im Jahr. Ein Vlies wiegt zwischen 2 und 6 kg. Die beste Wolle liefern die 1 bis 6-jährigen Hammel. Die hochwertigste Wolle eines Vlieses wird von den Schultern und Flanken gewonnen.

Die noch ungewaschene Wolle heißt „Schweißwolle". Sie muß schonend gewaschen werden. Bei dieser Wäsche gewinnt man als Nebenprodukt das sehr hautfreundliche Wollfett. Es wird in Verbindung mit Paraffin und Wasser als Lanolin (lana = Wolle) bezeichnet und als Grundlage für Hautpflegemittel verwendet.

Ein weiterer Arbeitsgang ist das Kardieren oder Krempeln. Die Faserflocken werden aufgelöst und die Haare parallelisiert. Dadurch werden gleichzeitig Verunreinigungen und ganz kurze Fasern entfernt. Einfache Geräte dafür sind metallene Handkratzen oder auf Stäbe gesteckte Distelköpfe, sog. Kardendisteln, für diesen Arbeitsgang. Einige Handspinner beschränken sich allerdings auch auf ein reines Zupfen zur Auflockerung des Fasergutes, denn jede Vorbereitung der Wolle bedeutet gleichzeitig eine Veränderung ihres ursprünglichen Charakters.

Je nach Art und Vorbereitung der Rohwolle unterscheidet man zwischen sorgfältig gekämmtem, feinem, langfaserig glattem Kammgarn und rauherem, kurzfaserigem auf Krempelmaschinen aufgelockertem Streichgarn.

term "mohair" (Angora goat) instead of "Angora" (Angora rabbit). Mohair has a silk-like lustre and is very soft and smooth. It is used mainly in blends with wool. The Angora goat originates from Turkey but is raised in other parts of the world as well, e. g. the U.S.A. The goats are sheared like sheep to obtain the mohair.

The fibre of the **Angora rabbit** is very fine and fluffy and easily gets charged. This forces the fibres apart and insulating still air fills the intervals. The Angora rabbit is raised also in Germany. This relatively small animal can produce up to 300 to 500 g of fibre per year.

3. Obtaining the wool fibres

Shearing the animal will yield a continuous fleece of 2–6 kg weight each, and is usually done twice a year. Male sheep, 1 – 6 years old, produce the best wool. The highest quality wool comes from the sides and shoulders.

First, raw wool is carefully scoured to remove dirt. During this process the wool grease is recovered and combined with paraffin and water, which is sold as lanolin (lana = wool) for use in skin care products.

The next step is called carding. Carding breaks up staple fibres and parallels them while removing very short fibres and dirt at the same time. Simple carding instruments are metal hand combs, or thistles on pegs called carding thistles. Some hand spinners merely pluck the fibres by hand, since every processing of the wool would alter its original characteristics.

Depending on the type of wool and its preparation, we distinguish between long fibres that are carefully combed to produce fine smooth yarns (worsted yarn) and the shorter fibres, carded to produce a coarser, fuzzy yarn (carded yarn).

4. Wolle unterliegt Qualitätsbestimmungen

Das internationale Wollsiegel darf nur für Erzeugnisse verwendet werden, die aus reiner Schurwolle hergestellt sind, d.h. aus Wolle vom lebenden gesunden Schaf, die zum ersten Mal verarbeitet wird. Unter Wolle versteht man nur die Haare des Schafes.

Seit einigen Jahren können nach dem Textilkennzeichnungsgesetz auch solche Textilien das Gütezeichen tragen, die aus 100% feinen Tierhaaren oder aus einer Mischung aus Schurwolle und feinen Tierhaaren bestehen.

Das Combi-Wollsiegel ist ein Gütezeichen für Fasermischungen mit überwiegendem Schurwollanteil (mind. 60%).

Reißwolle ist nach dem Textilkennzeichnungsgesetz wiederaufbereitete Wolle. Sie wird aus Abfällen und Lumpen im Reißverfahren gewonnen. Für ein Erzeugnis, das ganz aus Reißwolle besteht, darf die Bezeichnung „reine Wolle" oder „100% Wolle" verwendet werden.

Zur Herstellung von Reißwolle werden Abfälle von Geweben, Wirk- und Strickwaren, Lumpen und Garnreste chemisch gereinigt, nach Güteklassen und Farben sortiert und in die Streichgarnspinnereien gebracht. Dort werden sie entfärbt (abgezogen), gegebenenfalls carbonisiert und neu gefärbt. Durch das Carbonisieren werden cellulosehaltige (pflanzliche) Beimischungen aus der Wolle entfernt. Das Material wird dann eingefettet (geschmälzt), um die längeren Fasern mit den kürzeren zu verkleben, damit diese beim Reißen nicht verloren gehen. Durch das Schmälzen wird zusätzlich die Faser geschont. Im Reißwolf greifen Stahlzähne einer rotierenden Trommel in das zwischen Walzen herangeführte Material und reißen es in Fasern. Die Fasern der Reißwolle sind kürzer und oftmals beschädigt (fehlende Schuppen an der Oberfläche, Spaltung der Faser), so dass die Haltbarkeit sinkt. Deshalb werden sie nur mit neuen Fasern vermischt zu preiswerteren Textilien verarbeitet.

Von der Faser zum Stoff

Wie bereits zu Beginn erwähnt, sind die nun folgenden Arbeitsgänge, die Fasern in fertige Textilien verwandeln, zu vielfältig, um sie hier darzustellen.

4. Quality regulations for wool

The international wool-mark may only be applied to products made from pure sheep wool, that is wool obtained from the fleece of living healthy animals and processed for the first time. The term wool only applies to sheep's hair.

Since a few years however, textile marking regulations also allow textiles to carry the wool mark if they contain 100% fine animal hair or a blend of animal hair and sheep wool.

The wool-blend mark is a quality symbol for blends containing more than 60% wool.

According to textile marking regulations, **reprocessed wool** is obtained by shredding used and worn old clothes and rags. Textiles from 100% reprocessed wool may carry the label "pure wool" or "100% wool".

Reprocessed wool is made from textile waste, worn knits and rags, and scrap yarns, which are dry cleaned and sorted by quality and colour and taken to carding and spinning factories. First the dye is removed and cellulose (plant) impurities taken out by carbonising. Then the fibres are re-dyed and greased for protection during shredding. Rotating cylinders covered with steel teeth shred the textiles that are transported on rollers. The fibres of reprocessed wool are shorter and often damaged (missing scales on the surface, split fibres), which reduces their durability. That is why reprocessed wool is often blended with new wool before being reused only for cheaper textiles of lesser quality.

Fabric construction

As mentioned before, the following steps of processing fibres to fabric are too complex to explain here in detail. Generally, a sliver is spun in various

Im allgemeinen entsteht zunächst ein Vorgarn, das auf mannigfaltige Weise zu Garnen von unterschiedlicher Stärke versponnen wird. Es kann glatt oder mit Effekten (Schlingen, Schlaufen) versehen oder mit anderen Natur – oder Chemiefasern vermischt sein.

Ebenso groß, ja nahezu unübersehbar sind die Möglichkeiten durch Weben, Wirken, Stricken oder Filzen und Walken, aus Garnen textile Flächen zu machen. Außerdem können durch Ausrüstung oder Veredelung Eigenschaften der Wolle je nach Verwendungszweck verändert, verbessert oder verstärkt werden. Sie kann einlaufsicher, filzarm, waschmaschinenfest, mottensicher gemacht oder zu Loden gewalkt oder mit Dauerbügelfalten versehen werden.

Wollstoffe werden selten bedruckt, sie erhalten ihre speziellen Musterungen durch den Einsatz von Bindungen der Kett- und Schussfäden (Leinwand-, Köper-, Satinbindung) oder Verwendung verschiedenfarbiger Fäden in Kette und Schuß auf dem Webstuhl.

Seit dem Mittelalter verstanden es die „Tuchmacher" meist einfarbige, feine und sehr dichte Tuche aus Wolle herzustellen, die wegen ihrer Qualität sehr geschätzt wurden. Daneben gab es gröbere Gewebe, die auch als Tweed oder Homespun bekannt waren.

Viele handelsübliche Textilien aus Wolle tragen heute Bezeichnungen, die Herkunftsland oder Wollart erkennen lassen wie z. B. Kaschmir, Jersey oder Tweed.

Andere weisen auf die Art des Gewebes oder Musters hin, wie Glencheck (Mehrfachkaro), Pepita oder Hahnentritt (kleines Karo, meist zweifarbig in Köperbindung), Bouclé (Schlingenstoff) oder Flanell (leicht angerauhter Stoff in Leinwand- oder Köperbindung).

Andere tragen vielfältige Phantasienamen, die häufig Hinweise auf die Fasermischung geben.

Für die hier gezeigten Wollquilts wurde eine bunte Mischung aller Arten gewebter, gewirkter oder gestrickter Wollstoffe verwendet. Häufig waren es Mischgewebe uni oder gemustert, auch wurden neue Stoffe zusammen mit bereits getragenen verarbeitet. Unterschiedliche Feinheitsgrade und

ways into yarns of different sizes, which can be smooth, looped or tufted, or blended with other natural or synthetic fibres.

Again there are seemingly endless possibilities to construct fabric from yarn: weaving, warp knitting, knitting, felting and fulling. In addition, the characteristics of wool can be altered by refining to improve and strengthen fabrics: wool can be made shrink-proof, felt-proof, machine-washable, moth-proof, it can be fulled to Loden or have permanent set creases.

Wool fabrics rarely have printed patterns, their special patterning results from different weaving techniques (plain weave, twill weave, satin weave) or from using differently coloured yarns in warp and weft of the loom.

Since the middle ages weavers knew how to produce fine and very dense cloths from wool in mostly solid colours, which were highly appreciated because of their excellent quality. They also produced coarser woollen fabrics better known as tweed or homespun.

Today many woollen fabrics carry names that indicate their country of origin or the type of wool used, like e.g. Cashmere, Jersey or Tweed.

Other names point to weaves or patterns, like Glencheck (multiple checks), hound's tooth (small checks, mostly two-coloured in twill weave), bouclé (looped fabric) or flannel (brushed fabric in plain weave).

Others have fantasy names often directing attention to the blend of fibres.

The wool quilts in this book were made from a great variety of woven, warp knit and knit materials, of pure wool fabrics and blends in solid or mixed colours, of new and used materials. The great variability of wool fabrics in weight and texture can give rise to surprising effects. Wool is a

Strukturen, wie sie bei Wolle zur Auswahl stehen, führen unabhängig von Namen und Bezeichnungen zu immer wieder neuen überraschenden Effekten. Denn Wolle ist ein hervorragendes Material, um es für sich allein zu verarbeiten, verhält sich jedoch fast immer problemlos in der Kombination mit anderen Werkstoffen. Aus allen diesen Gründen hat Wolle die Jahrhunderte überdauert und wird auch heute im Zeitalter der Synthetics als unersetzlich betrachtet.

Literatur:

Adebar-Dörel, Betz, Gerlach, Kleine Textilkunde, Verlag Handwerk und Technik, HAT 5111, 13. Auflage Hamburg 1985.

Unterricht im Textilmuseum Neumünster, Veröffentlichungen des Fördervereins Textilmuseum und Industriemuseum Neumünster, Heft 10, 1987.

El-Gebali-Rüter, Textilien für uns, auswählen, gestalten, pflegen, Verlag Handwerk und Technik, Hamburg 1991.

perfect fabric to use on its own, and it will nearly always work well in combination with other materials. Due to all this wool has endured for many centuries and is considered irreplaceable even in this age of man-made fibres.

References:

Adebar-Dörel, Betz, Gerlach, Kleine Textilkunde, Verlag Handwerk und Technik, HAT 5111, 13. Auflage Hamburg 1985.

Unterricht im Textilmuseum Neumünster, Veröffentlichungen des Fördervereins Textilmuseum und Industriemuseum Neumünster, Heft 10, 1987.

El-Gebali-Rüter, Textilien für uns, auswählen, gestalten, pflegen. Verlag Handwerk und Technik, Hamburg 1991.

Nähtipps für Wollstoffe

Von Elke Böttcher

Beim Nähen meines scrap-quilts aus Wollstoffen habe ich Erfahrungen gesammelt, die ich gerne weitergeben möchte.

Doppelter Stofftransport

Beim Nähen mit der Maschine empfiehlt sich die Nutzung eines doppelten Stofftransportes. Viele neue Nähmaschinen sind bereits damit ausgerüstet, für ältere lassen sich häufig Zusatzfüße bestellen.

Tipps

- Droht das Ausfransen des Stoffes, weil die Webfäden dick sind oder das Gewebe sehr locker ist, nähe ich mit einer Nahtzugabe von 1 – 1,5 cm.
- Eine Nahtzugabe von 1 cm erleichtert auch das Nähen mit kleinen Teilen und widerborstigen Stoffen, die beim Bügeln nicht zu bändigen sind.
- Eine Nahtzugabe von 1 cm empfiehlt sich auch, weil sie nicht auseinander gebügelt wird, sondern trotz der oft dicken Stoffschichten in eine Richtung gebügelt wird. So stärke ich die Nähte, an denen das Gewicht eines Wollquilts zerrt. Dicke Nähte verschwinden oft in der Vlieseinlage.
- Um das Sich-verschieben zu Beginn einer Naht zu verhindern, setze ich den Nähfuß so auf die Stofflagen, dass ich die Naht mit zwei Rückstichen sichern kann.
- Wollstoffe mit Synthetikanteilen oder gar Stretchfasern dehnen sich unter dem Druck des Nähfußes. Der problematische Stoff liegt unten. Eng gesetzte Stecknadeln oder gar Heften helfen.
- Das Bügeln von Wollstoffen hat seine Tücken. Vorsicht ist geboten bei der Wahl der Temperatur. Wolle filzt bei Dampf und Hitze, beigemischte Synthetikfasern schmelzen.

Helpful Hints For Sewing Woollen Fabrics

By Elke Böttcher

While sewing scrap quilts from woollen materials I learned a few things which I would like to pass on to you.

Double-sided transport of fabric

For sewing by machine it is advisable to use a walking-foot attachment or, on newer machines, choose the double-sided (top and bottom) transport setting.

Hints:

- If the material is fraying or very coarse, increase the seam allowance to 1 – 1,5 cm.
- An increased seam allowance also helps sewing tiny pieces of obstinate materials that won't be ironed into shape.
- A 1 cm seam is still advisable even if the seams are not ironed apart but onto one side, in spite of the resulting thickness. This way seams are reinforced that have to carry the weight of a heavy wool quilt. Thick double seams often disappear into the batting.
- In order to stop the initial slipping of the fabrics when starting a seam, I don't start at the edge but a bit ahead, so that two or three back-stitches will secure the seam.
- Blends of wool with synthetic or stretch fibres will expand under the pressure foot. In this case the problem fabric should be the bottom one. Lots of closely set pins will help or basting.
- Ironing woollen materials is a tricky business. Beware of the temperature setting: wool will felt when exposed to heat and steam, blended synthetic fibres might melt.

Anleitungen

Klaras Wollquilt

173 x 210 cm, Blockgröße: 31,5 x 31,5 cm

Material:
Große Quadrate:
20 Reste, mindestens 31,5 x 31,5 cm, insgesamt 160 x 140 cm
Kleine Quadrate: Reste
Dreiecke: Reste, mindestens 10 x 10 cm
Rand: 2 Streifen, je 9 x 160 cm
2 Streifen, je 9 x 220 cm
Vlies: 180 x 220 cm
Rückseite: 180 x 220 cm
Wollreste für 110 Pompons in verschiedenen Farben

Schneiden;
20 Quadrate von je 31,5 x 31,5 cm
30 Quadrate von je 9 x 9 cm
196 Quadrate von je 10 x 10 cm

Jeweils zwei der Quadrate von 10 cm, in unterschiedlichen Farben, rechts auf rechts legen, eine Diagonale einzeichnen und rechts und links dieser Diagonalen nähfüßchenbreit nähen. Auf der Diagonalen auseinander schneiden.
Dies ergibt jeweils 2 zweifarbige Quadrate von 9 cm. Mit allen 196 Quadraten so verfahren.
Jeweils vier solcher Quadrate aneinander nähen; insgesamt 49 Zackenreihen arbeiten.
Zackenreihen und große Quadrate zu fünf Reihen verbinden.
Aus jeweils fünf einfarbigen Quadraten und vier dieser Zackenreihen einen Querstreifen arbeiten, dabei immer mit einem einfarbigen Quadrat anfangen und aufhören.
Mit diesen Querstreifen die Reihen verbinden.
Die kürzeren der beiden dunklen Streifen oben

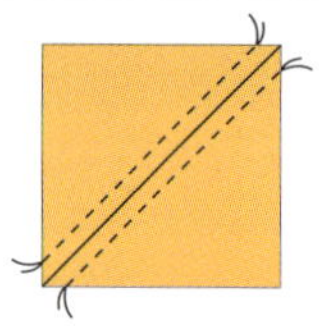

Klaras Wollquilt

68″ x 83″, block size: 12 3/8″

Materials:
Large squares:
20 swatches, each at least 12 3/8″ x 12 3/8″
Small squares: scraps
Triangles: scraps, at least 4″ x 4″
Border: 2 strips, each 3 1/2″ x 63″,
2 strips, each 3 1/2″ x 83″
Batting: 71″ x 87″
Backing: 71″ x 87″
Wool in different colors

Cutting:
20 squares, each 12 3/8″ x 12 3/8″
30 squares, each 3 1/2″ x 3 1/2″
196 squares, each 4″ x 4″

Assembly:
With right sides together position 2 different colored squares of 4″ x 4″ on top of each other and draw a diagonal from corner to corner. Sew a 1/4″ left and right from diagonal. Cut on diagonal. Makes 2 two-colored squares. Make 196.
Join 4 two-colored squares in a horizontal row. Make 49 rows.
Join vertical rows of two-colored squares with 4 big squares in horizontal rows. Make 5.
Join 5 small squares alternating with 4 rows of two-colored squares in a horizontal row. Begin and end rows with a plain square. Make 6.
Refer to assembly diagram.
Assemble narrow strips with the wide strips. Add shorter border strips first to top and bottom, then add the long strips to sides.

und unten annähen, dann die beiden langen Streifen rechts und links.
Rückseite, Vlies und Oberseite zusammenheften und quilten.
Gequiltet wird beiderseits der Zackenlinien, innerhalb der kleinen Quadrate und innerhalb der großen Quadrate wie die Abbildung zeigt.

Finishing:
Baste top, batting and bakking. Refer to quilting diagram or quilt as desired. Bind quilt and add pompons.

Pompons
Zwei gleichgroße Pappscheiben, Durchmesser 4 cm mit einem Loch in der Mitte von 1 cm Durchmesser, ausschneiden, aufeinander legen und dicht mit Wolle umwickeln, bis das Loch ganz gefüllt ist. Am äußeren Rand die Fäden mit einer Schere aufschneiden, vorsichtig einen festen Wollfaden zwischen beide Pappscheiben legen und damit alle Wollfäden fest zusammenbinden. Die Pappscheiben entfernen. Sie lassen sich mehrfach benutzen, wenn man sie vorsichtig abzieht. Eventuell die Pompons etwas zurechtstutzen. Mit dem Wollfaden die Pompons am Quilt durch alle drei Lagen festnähen und auf der Rückseite vernähen.

Pompons:
Cut 2 cardboard circles, each 1 5/8″ in diameter. Each with a 3/8″-diameter hole in the middle. Position on top of each other. Thread a needle with yarn and wind around cardboard as shown in diagram. Wind until hole is filled. Cut yarn along outer edge of cardboard circles. Carefully tie with a piece of sturdy yarn, easing the piece of yarn between the two cardboard circles. Remove cardboard. They can be used again if handled carefully. Fluff and if necessary trim pompons into shape. With long end of the sturdy piece of yarn sew pompons into place pushing the needle through all three layers of the quilt.

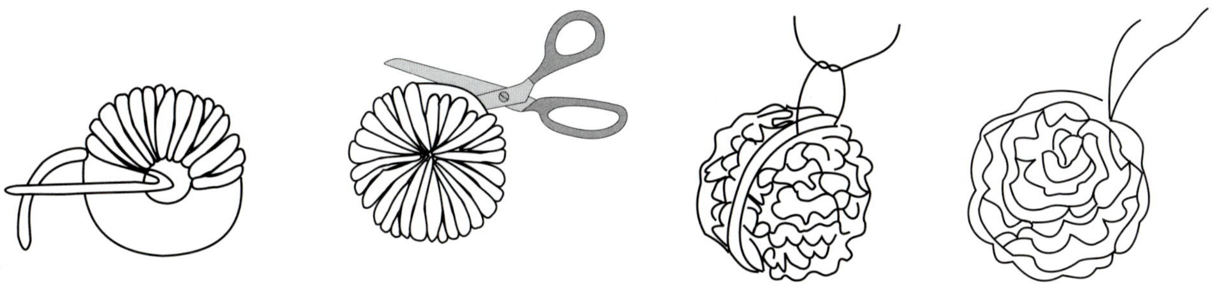

Herbst 2001
138 x 194 cm

Material:
Wollstoffe in Herbstfarben:
insgesamt 140 x 250 cm
Vlies: 140 x 200 cm
Rückseite: 147 x 203 cm

Schneiden:
7 Quadrate
25,5 x 25,5 cm
19 Quadrate
17,5 x 17,5 cm
91 Quadrate
9,5 x 9,5 cm
320 Quadrate
5,5 x 5,5 cm
16 Rechtecke
9,5 x 17,5 cm
8 Rechtecke
9,5 x 25,5 cm

80 Viererblocks aus den kleinsten Quadraten nähen.
Diese kleinen Blocks mit den nächstgrößeren gemäß Grafik verbinden. Dabei immer größere Einheiten herstellen. Wie in der Grafik dargestellt mehrere Einheiten nähen, diese dann wie gezeigt zusammen setzen. Rückseite, Vlies und Oberseite zusammenheften und mit der Maschine in den Nähten quilten. Die größeren Quadrate werden auch innerhalb der 24 x 24 cm gequiltet (gestrichelte Linie in der Grafik), desgleichen einige der 16 x 16 cm Quadrate.

Die überstehende Rückseite auf die Vorderseite bringen, einschlagen und mit der Maschine ringsum annähen.

Autumn 2001
54 3/8″ x 76 3/8″

Materials
Autumn colored swatches: total of 2 3/4 yds.
Batting: 55″ x 79″
Backing: 58″ x 81″

Cutting
7 squares,
each 10″ x 10″
19 squares,
each 6 7/8″ x 6 7/8″
91 squares,
each 3 3/4″ x 3 3/4″
320 squares,
each 2 1/8″ x 2 1/8″
16 rectangles,
each 3 3/4″ x 6 7/8″
8 rectangles,
each 3 3/4″ x 10″

Assembly
Make 80 four-patches out of smallest squares. Join the four-patches to squares 3 3/4″ x 3 3/4″. Join these units to squares 6 7/8″ x 6 7/8″ and so on.
Refer to assembly diagram for color and block placement. Join units as shown in assembly diagram. Sew border strips with rectangles and four-patches. Add side strips first then add strips at top and bottom. Layer and baste the quilt. Do not cut off excess backing fabric. Machine quilt in the ditch. Some of the large squares are quilted as shown in the diagram.

Finishing
Fold excess backing to front of quilt, turn under raw edges, pin and machine stitch.

Eddas Fliesenmusterquilt

126 x 174 cm

Material

Wollstoff in den Farben: blau, grau, grün, petrol, blaugrau insgesamt 160 x 140 cm
Kleine Reste in rot, pink, blau und türkis
Batist: 130 x 180 cm
Baumwollvlies: 130 x 180 cm
Rückseite: Baumwolle 130 x 180 cm
Seidenbändchen, 6 mm breit, 22 m lang, Farbe: Schilf
Seidenband 30 mm breit, 6,20 m lang, Farbe: Schilf

Schneiden

24 Quadrate 6 x 6 cm
35 Rechtecke 18 x 30 cm
12 Rechtecke 6 x 30 cm

Die zugeschnittenen Stoffteile gemäß Grafik und gewünschter Farbanordnung ohne Überlappung, auf Stoß auf dem Batist auslegen, Farbverteilung überprüfen und gegebenenfalls ändern. Alle Teile auf dem Batist feststecken und heften. Alle Teile ringsum mit der Maschine mit Zickzackstich auf die Unterlage nähen. Die Zickzacknähte mit dem 6 mm breiten Seidenbändchen abdecken und von Hand rechts und links aufnähen; mit den horizontalen Nähten beginnen, dann die vertikalen Zickzacknähte überdecken. Darauf achten, dass Anfang und Ende der Bändchen unter dem quer laufenden Band verschwinden. Rückseite, Vlies und fertige Oberseite zusammenheften und entlang der Bändchen quilten. Überstehendes Vlies, Batist und Rückseite abschneiden. Den Quilt ringsum mit dem breiten Seidenband einfassen.

Edda's tile pattern quilt

49 5/8″ x 68 1/2″

Materials

Woollen fabric: blue, grey, green, petrol, blue-grey: total of 55″ x 63″
Red, pink, blue, turquoise: small scraps
Batiste: 51 1/4″ x 73″
Cotton batting : 51 1/4″ x 73″
Backing: Cotton fabric 51 1/4″ x 73″
Silk ribbon: 1/4″- wide: 25 yds.
Silk ribbon: 1 1/4″- wide: 6 7/8 yds.

Cutting

24 squares, each 2 3/8″ x 2 3/8″
35 rectangles, each 7 1/8″ x 11 7/8″
12 rectangles, each 2 3/8″ x 11 7/8″

Assembly

Refer to assembly diagram for color placement. Use batiste as a foundation for piecing. Position the swatches edge on edge without overlapping on top of batiste. Pin and check color placement. Baste. Zig-zag around all pieces. Cover seams with 1/4″-wide silk ribbon and appliqué by hand. Start with horizontal seams. Make sure that ends of vertical ribbons are covered by horizontal ribbons.
Layer and baste top, batting and backing. Quilt along ribbons. Trim edges of quilt. Finish with 1 1/4″-wide silk ribbon.

Helgas Wollquilt

121 x 161 cm, Blockgröße 21 x 21 cm

Material

Rot und rotkarierte Wollstoffe: Reste, für einen Block mindestens 10 x 28 cm, insgesamt 60 x 140 cm,
Grün und grünkarierte Wollstoffe: Reste, insgesamt 100 x 140 cm
Blaue Trennstreifen: 6,5 cm breit, insgesamt 80 x 140 cm
Vlies: 125 x 165 cm
Rückseite: 125 x 165 cm
Streifen zum Einfassen 6 cm x 7 m

Schneiden:
Für ganze Blocks:

Rot: 36 Quadrate von 9,5 x 9,5 cm, 18 Quadrate von 8,5 x 8,5 cm
Grün: 36 Quadrate von 9,5 x 9,5 cm, 72 Quadrate von 8,5 x 8,5 cm

Für halbe Blocks:

Rot: 10 Quadrate von 9,5 x 9,5 cm, 5 davon einmal diagonal halbieren, 10 Quadrate von 10,5 x 10,5 cm
Grün: 20 Quadrate von 8,5 x 8,5 cm, 10 Quadrate von 9,5 x 9,5 cm, 10 Quadrate von 10,5 x 10,5 cm

Trennstreifen: 24 Stücke von 6,5 x 22,5 cm

Nähen:
Für 18 ganze Blocks

1 grünes und 1 rotes Quadrat von je 9,5 x 9,5 cm rechts auf rechts legen, Diagonale einzeichnen, rechts und links der Diagonalen im Nähfüßchenabstand nähen. Auf der Diagonalen auseinander schneiden. Das neu entstandene Quadrat misst 8,5 x 8,5 cm. Auf diese Weise insgesamt 82 zweifarbige Quadrate nähen. 10 Stück für die halben Blocks aufheben. Gemäß Abbildung 18 Blocks nähen.

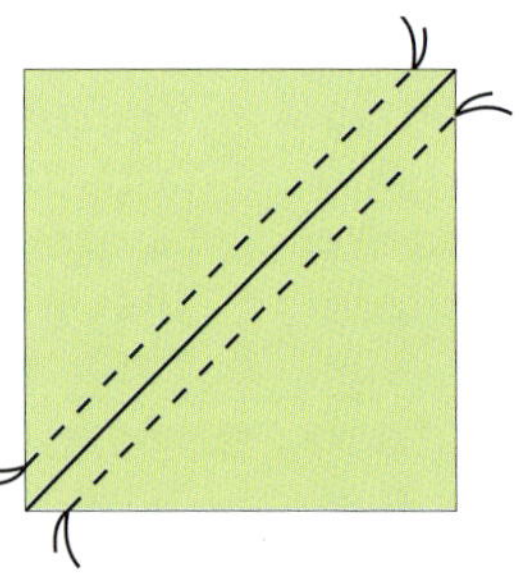

Für 10 halbe Blocks

1 rotes und 1 grünes Quadrat von 10,5 x 10,5 cm rechts auf rechts legen, Diagonale einzeichnen und auf der Diagonalen nähen. Auf der anderen

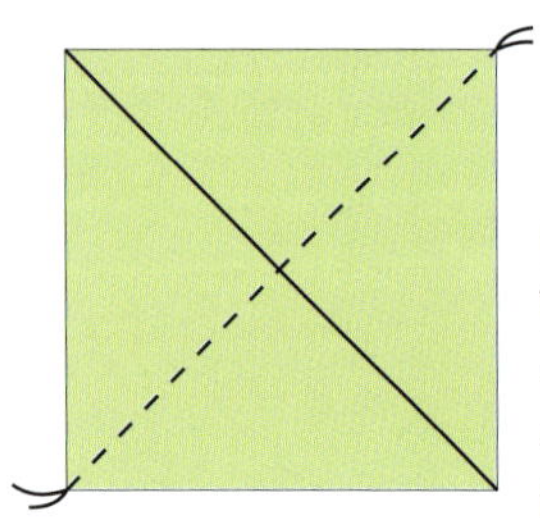

Helga's Woolquilt

47 5/8″ x 63 3/8″, Block Size: 8 1/4″ x 8 1/4″

Swatches in red, plains and plaids: for 1 block at least 4″ x 11″, total of 24″ x 55″
Swatches in green, plains and plaids: total of 44″ x 55″
Blue sashing strips: 2 1/2″-wide, total of 32″ x 55″
Batting: 50″ x 65″
Backing: 50″ x 65″
Binding: 2 3/8″ x 7 3/4 yds.

Cutting
For complete blocks:

Red: 36 squares, each 3 3/4″ x 3 3/4″, 18 squares, each 3 1/2″ x 3 1/2″
Green: 36 squares, each 3 3/4″ x 3 3/4″, 72 squares, each 3 1/2 x 3 1/2″

For half blocks:

Red: 10 squares, each 3 3/4″x 3 3/4″, cut 5 in half diagonally, 10 squares, each 4 1/8″ x 4 1/8″
Green: 20 squares, each 3 3/4″ x 3 3/4″, 10 squares, each 3 3/4″ x 3 3/4″, 10 squares, each 4 1/8″ x 4 1/8″

Sashing strips: 24, each 2 1/2″ x 8 7/8″

Assembly
For 18 complete blocks

With right sides together position 1 green 3 3/4″ x 3 3/4″square on top of 1 red 3 3/4″x 3 3/4″square. Draw a diagonal from corner to corner and sew a 1/4″ left and right from diagonal. Cut on diagonal. You get 2 half squares. Make 82. Keep 10 for half blocks. Join squares referring to diagram.

For 10 half blocks

With right sides together position 1 green 4 1/8″ x 4 1/8″square on top of 1 red 4 1/8″ x 4 1/8″square. Draw a diagonal from corner to corner and sew on the

Diagonalen auseinander schneiden. Mit den übrigen 9 Quadraten dieser Größe ebenso verfahren. 10 halbe Blocks gemäß Abbildung nähen.

Die Blocks zusammen mit den kurzen Trennstreifen zu diagonalen Reihen zusammen nähen (siehe Abbildung). Dabei in der rechten oberen Ecke anfangen. Sind alle 6 Reihen genäht, diese Reihen unbedingt ausmessen, da sie unterschiedlich lang sind. Trennstreifen von 6,5 cm Breite an diese Längen anpassen und mit den Reihen verbinden. Rückseite, Vlies und Oberseite zusammenheften und in der Naht quilten.
Vlies und Rückseite auf die Maße der Quiltoberseite zurückschneiden und einfassen.

diagonal. Cut on the opposite diagonal (see diagram). You get 2 half-square triangles. Make 20. Join squares and triangles referring to diagram.

Refer to diagram. Join blocks and sashing strips in diagonal rows. Start with upper right corner. Measure each row. Cut 2 1/2″-wide sashing strips the length needed for each row. Join rows and sashing strips. Add 2 1/2″-wide border strips. Layer, baste and quilt in the ditch. Trim and bind.

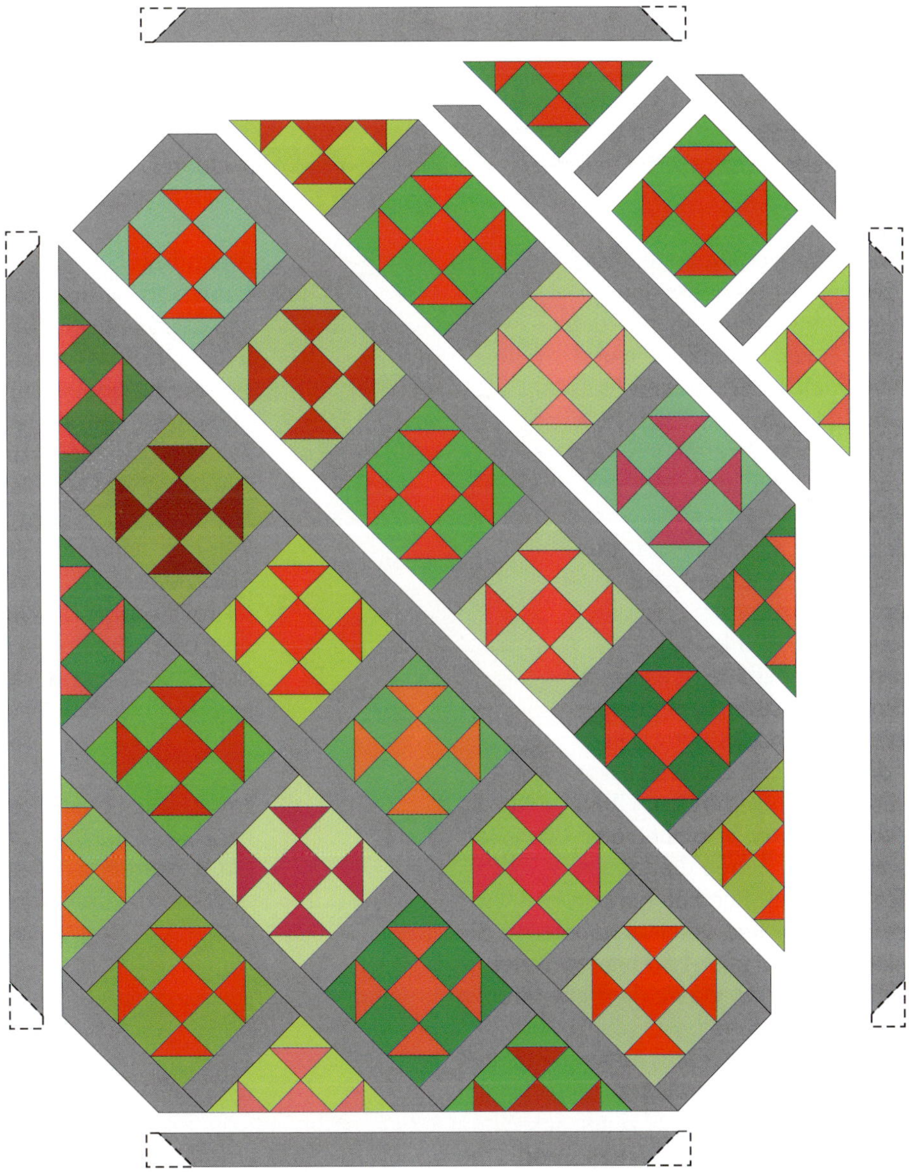

Giselas Fernsehquilt

116 x 152 cm, Blockgröße 12 x 12 cm, Schneeballmuster

Material

Karierte Wollstoffe: Reste, Mindestgröße 14 x 14 cm, insgesamt 110 x 140 cm
Einfarbige Wollstoffe für die Dreiecke: Reste
Rote Borte: 2 Streifen je 86 x 5,5 cm, 2 Streifen je 130 x 5,5 cm, insgesamt 40 x 140 cm
Dunkle Borte: 2 Streifen je 95 x 13,5 cm, 2 Streifen je 136 x 13,5 cm, insgesamt 60 x 140 cm
Vlies : 120 x 160 cm
Rückseite: 120 x 160 cm
Äußerste Einfassung: 5 cm x 6 m

Schneiden

Kariert: 70 Quadrate von je 13,5 x 13,5 cm für die „Schneebälle"
Einfarbig: 148 Quadrate von je 6 x 6 cm, diese je einmal diagonal teilen, ergibt 296 Dreiecke

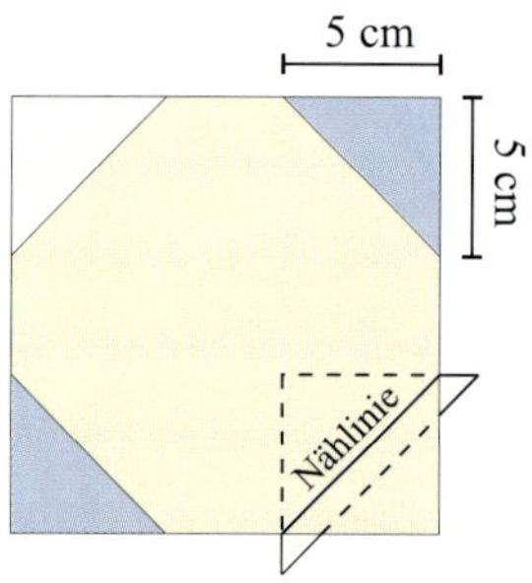

Auf die linke Seite der Quadrate vier Nählinien zeichnen (siehe Abbildung). Die Dreiecke rechts auf rechts auf die Quadrate in die Ecken positionieren und auf der Nählinie nähen. (Wer mehr Stoff zur Verfügung hat, kann die Ecken wie beim „Stern für Charlotte" annähen. Der Stoffverbrauch ist bei der Methode jedoch größer!)
Alle vier Ecken der Quadrate mit den Dreiecken versehen. Dabei auf die Farben der angrenzenden „Schneebälle" achten! (siehe Abbildung)

Die fertigen Schneebälle auslegen, jeweils 7 Blocks zu Reihen aneinander nähen, es bleiben 4 Blocks übrig. Diese werden für die Ecken der dunklen Borte gebraucht. Die Reihen verbinden. Oben und unten (kurze Seite) je einen roten Streifen, dann an den Seiten die langen roten Streifen annähen. Je einen kurzen dunklen Streifen oben und unten annähen. An die langen dunklen Streifen zuerst an beiden Seiten je einen Schnellballblock ansetzen, dann die Streifen an die Seiten des Tops nähen.
Oberseite, Vlies und Rückseite zusammenheften und innerhalb der Blocks parallel zu den Nähten quilten. Der Rand wird mit fünf Zickzackreihen gequiltet. Das überstehende Vlies und die

Giselas TV quilt

45 5/8" x 59 3/4", Block Size: 4 3/4" x 4 3/4", Snowballpattern

Materials:

Checkered swatches of at least 5 1/2" x 5 1/2", total of 44" x 55"
Solids: scraps
Red border: 2 strips, each 2 1/8" x 33 7/8", 2 strips, each 2 1/8" x 51 1/4", total of 16" x 55 1/8"
Dark border: 2 strips, each 5 1/4" x 37 3/8", 2 strips, each 5 1/4" x 53 1/8", total of 23 5/8" x 55 1/8"
Batting: 48" x 63"
Backing: 48" x 63"
Binding: 2" x 6 5/8 yds.

Cutting

Checkered swatches: 70 squares, each 5 1/4" x 5 1/4"
Solids: 148 squares, each 2 3/8" x 2 3/8", cut in half diagonally, makes 296 triangles

Assembly

Draw sewing lines on left side of each square. Position triangles on squares with right sides together, pin and sew on sewing line. Trim, leaving a seam-allowance. (If there is more fabric available, corners can be sown as in Star for Charlotte, this method requires more fabric). Repeat with all corners. Refer to assembly diagram for color placement. Join 7 blocks in a horizontal row. Make 10 rows. Use 4 remaining blocks as corner blocks in border. Refer to assembly diagram. Add top and bottom border strips first. Join corner blocks to side strips. Add side strips.
Layer and baste top, batting and backing. Quilt a 1/4" inside seams. Quilt border as desired or refer to quilting diagram. Trim and bind.

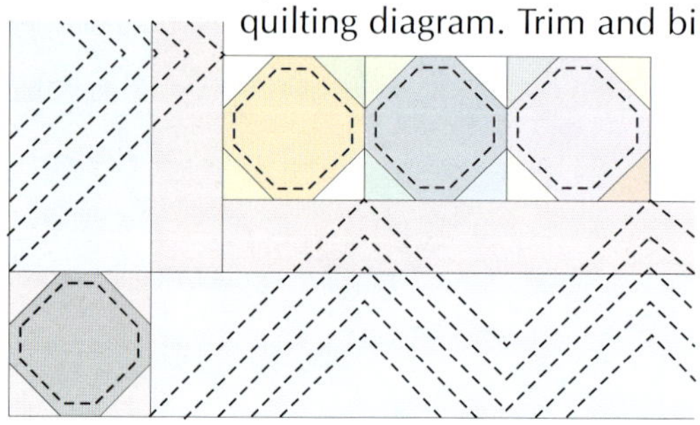

Rückseite auf die Größe der Oberseite zurückschneiden und mit dem 5 cm breiten Band einfassen. Alternativ kann man auch die Rückseite auf die Oberseite schlagen und als Einfassung für den Quilt nutzen.

Sterne für Charlotte

Größe 108 x 135 cm

Material

Hintergrund: 140 x 140 cm
Hellrosa: 15 x 45 cm
Mittelrosa: 15 x 45 cm
Türkis: 30 x 45 cm
Orangerot: 30 x 35 cm
Rot: 30 x 45 cm
Mittelbraun: 15 x 25 cm

Schneiden

(Nahtzugabe von 1 cm ist enthalten)
Hintergrund: 80 Quadrate von 15 cm
Hellrosa: 12 Quadrate von 7,5 cm
Mittelrosa: 12 Quadrate von 7,5 cm
Türkis: 24 Quadrate von 7,5 cm
Orangerot: 18 Quadrate von 7,5 cm
Rot: 24 Quadrate von 7,5 cm
Mittelbraun: 6 Quadrate von 7,5 cm

24 Hintergrundquadrate erhalten keine farbige Ecke. 16 Quadrate erhalten eine farbige Ecke. 40 Quadrate erhalten zwei farbige Ecken.
Bei allen farbigen Quadraten eine Diagonale auf die linke Seite zeichnen.
Die großen Quadrate mit der rechten Seite nach oben legen und die farbigen Dreiecke wie folgt annähen:
Ein farbiges Quadrat rechts auf rechts in die Ecke eines Hintergrundquadrates platzieren.
Eine Naht breit neben der Diagonalen nähen. Nahtzugabe stehen lassen und durch beide Stofflagen die überstehende Ecke abschneiden. Das farbige Dreieck umklappen und überstehende Teile zurückschneiden, so dass das Quadrat 15 x 15 cm wieder hergestellt wird.
In der Gesamtansicht nachsehen, ob eine zweite farbige Ecke angenäht werden muss und, wenn ja, in welcher Farbe. Das zweite farbige Quadrat wird immer auf der gegenüberliegenden Ecke aufgenäht, aber nicht immer in der gleichen Farbe.
Gemäß Gesamtansicht immer acht Quadrate zu einer Reihe auslegen und zusammennähen.

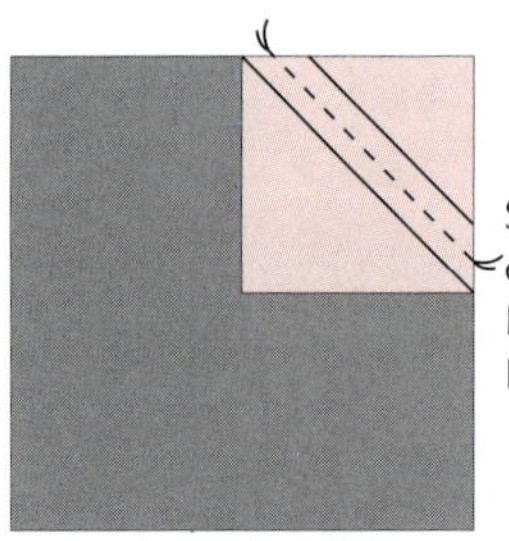

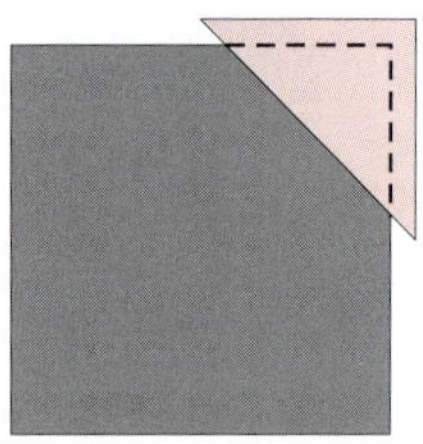

16 x   40 x

Stars for Charlotte

Size 42 1/2″ x 53 1/8″

Materials

Background: 57″ x 57″
Pink (light): 6″ x 18″
Pink (medium): 6″ x 18″
Turquoise: 12″ x 18″
Orange : 12″ x 14″
Red: 12″ x 18″
Brown (medium): 6″ x 10″

Cutting

(all measurements include a 3/8″ seam allowance)
Background: 80 squares each 6″
Pink (light): 12 squares each 3″
Pink (medium): 12 squares each 3″
Turquoise: 24 squares each 3″
Orange: 18 squares each 3″
Red: 24 squares each 3″
Brown (medium): 6 squares each 3″

Assembly

24 background squares do not get a colored corner. 16 squares get one colored corner. 40 squares get two colored corners.

Place a background square right side up on your table. Draw a diagonal line from corner to corner on back side of each colored square. With right sides together, position a colored square in a corner of background square. Sew a 1/4″ from diagonal line as shown. Trim, leaving a 1/4″-wide seam allowance. Flip colored square open. Trim to complete background square. Check for color. If a second colored square is needed, proceed as described above. The second colored square is always in the opposite corner but not always in the same color.
Join 8 blocks in a horizontal row. Use diagram as placement guide.

Anschließend die Reihen zu einem Oberteil verbinden.

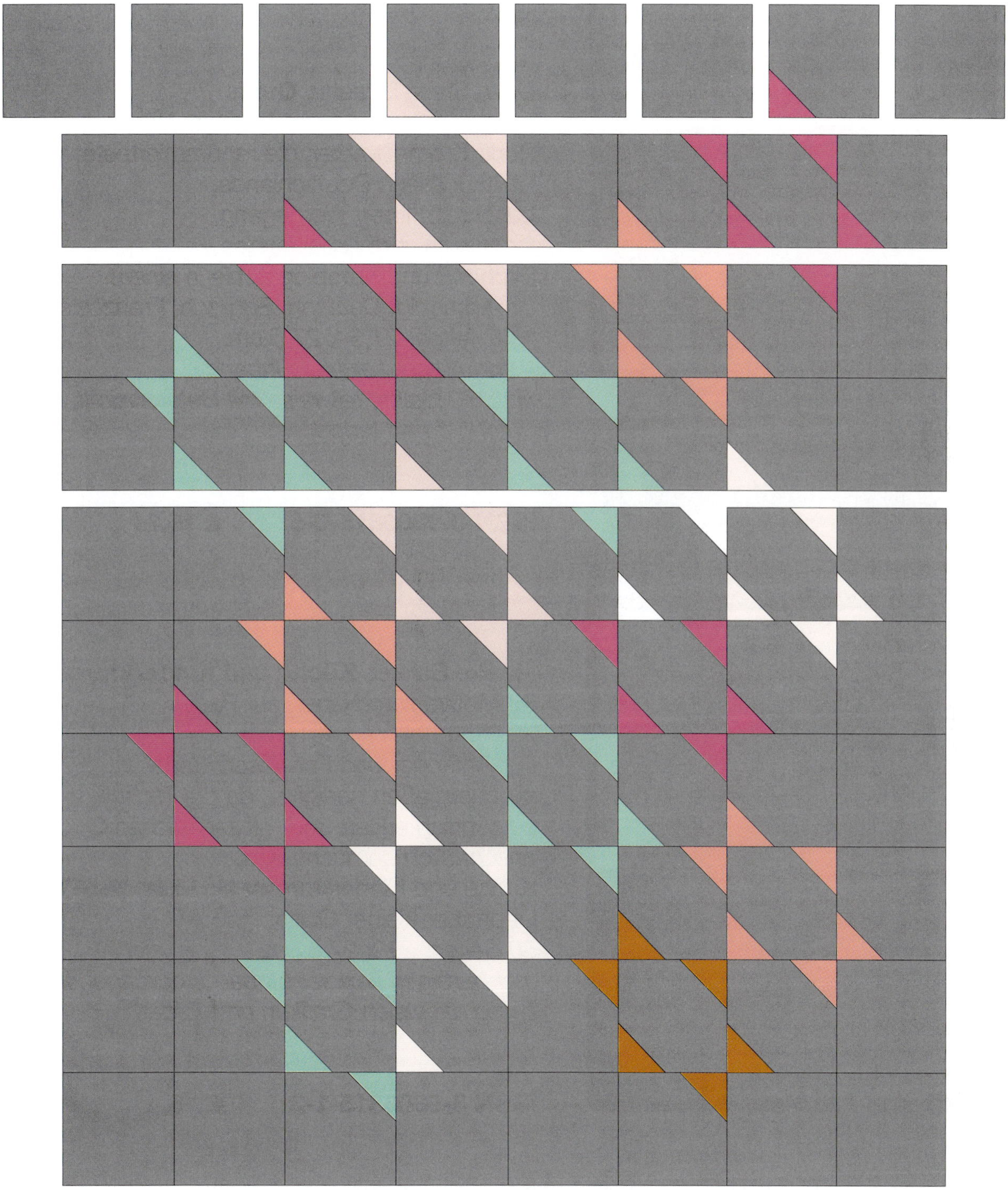

Im BERGTOR VERLAG sind auch folgende Patchworkbücher erschienen:

Dorle Stern-Straeter, **Quilts**
mit einem Vorwort von Michael James
Dorle Stern-Straeter, die renommierteste Quiltkünstlerin Deutschlands, beschreibt ihren Werdegang, ihre Quilts, ihre Arbeitsweise.
Bildband und Autobiographie in einem.
Dreisprachig: Deutsch, Englisch, Französisch.
112 Seiten, 21,3 x 27,5 cm,
mehrfarbiger flexibler Einband,
über 70 Quilts, teilweise mit Detailansicht, durchgehend farbig,

ISBN 3-9806815-0-5 € 15,24

Maaike Bakker, **Küche und Kinderkram**
82 Motive zum Nähen auf Papier

Für Anfänger und Fortgeschrittene gleichermaßen geeignet, da die Technik ausführlich erklärt und mit zahlreichen Grafiken anschaulich gemacht wird.
Küche und Kinderkram ist ein Muss für Liebhaber kleiner Quilts.
80 Seiten, 21 x 27,5 cm,
mehrfarbiger, flexibler Einband, durchgehend farbig mit vielen Grafiken und Bildern.

ISBN 3-9806815-1-3 € 15,–

BERGTOR VERLAG · Beim Bergtor 14 · 67269 Grünstadt
Telefon 0 63 59/20 58 28 · Fax 0 63 59/37 88
www.Patchworkideen.de